台灣租稅獎勵與產業發展

黃仁德、胡貝蒂　著

序

　　近年來我國預算赤字不斷擴大，使得改善財政的課題愈來愈急迫，在政府支出短期間難以縮減下，租稅改革成為財政改革的重要環節。過去為了促進經濟發展，政府對於企業租稅減免議案的提出，大都會獲得立法院的支持。然而，近年來企業相對於個人租稅負擔偏低的現象逐漸受到正視，要求租稅改革的聲浪愈來愈大。租稅公平與經濟（產業）發展孰重，在不同的時空環境下，有了不同的解讀。

　　相信不論是企業或個人，對於租稅減免都十分歡迎，但對提高租稅負擔，不論是誰也都會喊痛。因此，如何正確衡量租稅公平與效益，讓產業租稅獎勵政策調整或租稅改革被社會大眾接受與支持，便成為重要的課題。為深入了解台灣租稅獎勵的運用對產業發展所產生的影響，本書分析歷年來政府運用產業租稅獎勵的情形，彙整學者對於租稅獎勵的效益評估，介紹租稅獎勵的國際規範與各國運用趨勢，並對我國未來產業租稅獎勵政策的改革與運用提出一些建議。

　　在本書撰寫期間，正值租稅改革議題被熱烈討論，提供企

業租稅獎勵的促進產業升級條例被嚴格檢視。在本書即將付印之際，「所得基本稅額條例」獲得立法院通過，並從2006年1月1日起開始實施，而促進產業升級條例相關子法的獎勵範圍也被大幅限縮。凡此，均代表社會大眾在租稅公平與產業發展上選擇了租稅公平的一方，但這並不意謂社會大眾就此放棄了產業的發展，而是希望政府朝更合理有效的方向來推動產業政策，這是可喜的現象。

　　本書能夠順利出版要感謝黃春生、高安邦、李顯峰三位教授及兩位審查委員提供許多寶貴的修正意見。聯經出版公司的推動與協助，也謹此致謝。租稅獎勵與產業發展是一相當複雜、具爭議性的議題，而筆者學識經驗有限，疏漏、欠妥之處在所難免。敬祈各界先進與讀者諸君寬諒賜正，至所企幸。

黃仁德、胡貝蒂 謹識

民國九十五年一月

目次

表次

圖次

第一章

導論

　　為了促進產業發展，各國政府常運用各種政策工具來干預市場機制的運作。例如，透過租稅獎勵的提供，降低企業的成本，促進企業投資。然而，政府介入市場運作的結果，可能造成資源配置的扭曲，反而不利經濟的發展，故也有許多學者呼籲應尊重市場運作的機制。

　　以台灣為例，為了達到促進經濟發展、提高就業等目標，政府從1950年代起，便開始實施所得稅減免；1960年政府將企業相關的獎勵項目納入獎勵投資條例統一規範，直到1989年實施期滿後，1990年政府再修訂促進產業升級條例取代之。長達50年的租稅獎勵實施迄今，部分學者認為台灣創造經濟奇蹟的背後，政府所提供的租稅獎勵政策應發揮很大的功能。相反地，亦有部分學者質疑政府運用租稅獎勵的手段介入經濟，反而造成產業依賴政府甚深，競爭力無法有效提升；而長期減稅的結果，更造成租稅的不公平，並使稅制越趨複雜。因此，究竟租稅獎勵的實施，是否真的能夠發揮帶動產業發展的效果，是值得吾人探討的一個問題。

　　事實上，政府為提振經濟景氣，除了直接支出(擴大公共建設)與間接支出(租稅減免)外，亦可採用貨幣政策降低利率等方式刺激投資；政府介入產業發展，亦可採用技術輔導、資訊諮詢協助、融資或提供補助獎勵等產業政策工具來帶動產業升級。租稅減免措施的推動，相較於其他工具的使用的優缺點為何，亦值得進一步的探討。若放大視野，以世界各國所採行的租稅獎勵制度觀察，則台灣所採行的租稅獎勵策略是否正確，獎勵的程度是否過高，是否能夠符合產業發展趨勢等，相信亦是台灣政府當局所關切的課題。

　　基於上述租稅獎勵所引發的相關爭議及疑問，本書將對下列議題進行深入的探討，期有助於未來政府釐訂租稅獎勵政策的參考：

　　1. 政府是否宜介入產業發展，租稅獎勵工具是否有效。

　　2. 台灣歷年來運用租稅獎勵的實際作法。

　　3. 台灣歷年來租稅獎勵對產業發展的影響及成效。

　　4. 國際重要經貿組織對於租稅獎勵措施運用的限制或規範，以及相關國家運用租稅獎勵的情形及趨勢。

　　5. 台灣未來產業租稅獎勵政策的改進方向。

　　本書將以文獻回顧及次級資料整理的方式，探討台灣租稅獎勵與產業發展的關係，全書分為六章：

　　第一章為導論，說明研究動機、目的及架構。

　　第二章探討產業發展與政府的角色，從政府介入產業發展的理論基礎談起，同時了解各種產業政策工具的優缺點，並深入探討租稅獎勵與產業發展的關係。

　　第三章為產業租稅獎勵措施沿革的介紹，從主要產業獎勵的立法沿革及其他法規中租稅獎勵的規定，分析台灣歷年來提供產業租稅獎勵的特色與趨勢。

　　第四章為租稅獎勵實施成效，首先了解歷年來租稅獎勵所減免的稅額，再進一步觀察產業發展現況，最後由相關的實證研究，歸納台灣實施租稅獎勵的成效。

　　第五章為租稅獎勵的國際規範與各國運用趨勢，首先針對世界貿易組織(World Trade Organization, 簡稱WTO)及經濟合作暨發展組織(Organization of Economic Cooperation and Development, 簡稱OECD)等國際經濟組織就租稅獎勵的運用規範進行了解，並整理比較世界各國如新加坡、日本、韓國等國家運用租稅獎勵工具的重點與趨勢。

　　第六章為結論與建議，根據研究的結果，對我國的租稅獎勵政策提出政策建議。

第二章
產業發展與政府角色

　　一國經濟發展的目標，可以包括經濟成長、充分就業、物價穩定、經濟公平及經濟自由等，而產業發展亦屬於經濟發展之一環。針對國家發展目標，政府應否介入，運用什麼樣的方式介入，經濟學者有著不同的看法，也存在許多爭議。本章將透過政策介入產業發展的理論著手，了解政府介入產業發展的優缺點及其爭議，進而比較各項產業政策工具的特性，尤其針對租稅獎勵與產業發展關連性的部分深入探討。

第一節　政府介入產業發展的理由與爭議

　　針對國家發展目標，政府應否介入，經濟學者有著不同的看法，但主要分為新古典學派與凱因斯學派兩類。新古典學派學者認為市場機能那雙「目不可見的手」，可使經濟經常處於充分就業的狀態，因此經濟政策的干預很可能阻礙市場機制發揮作用，造成經濟體系的扭曲，帶來社會福利的損失，故主張儘量減少政府的功能，任由市場自由運作。Adam Smith 更在《國

富論》一書中明確主張,政府只應扮演三種基本功能,即「維護國家免受外力侵犯」、「保護社會每一成員免於遭受社會其他成員的侵犯或不公平待遇」及「建立與維護有利於社會成長的公共設施」。

但是,1930年代的經濟不景氣,凱因斯學派理論興起,該學派雖然認同市場價格機能充分發揮下,市場均衡能使社會福利達於最大,但市場往往因公共財、外部性、資訊不完全等的存在,而使得市場失靈(market failure)的狀況發生,因此建議政府如果要使經濟達到充分就業,應採用財政政策與貨幣政策加以干預。不過,陸續也有針對該學派提出質疑的學者,例如,Milton Friedman便批評「政府失靈」(government failure)比「市場失靈」更可怕,認為政府錯誤的貨幣政策才是導致經濟衰退主要的原因,因而主張尊重市場機制。此外,1970年代興起的理性預期(rational expectations)學派也反對凱因斯學派權衡性選擇干預經濟的主張,強調在理性預期下,將使得預期的權衡性財政、貨幣政策失效,因此主張採行政策法則(policy rule),以穩定經濟。

政府是否應介入經濟或產業的發展,一直是理論上爭論不休的議題。可以確定的是,由於世界上各個國家的資源稟賦不同,經濟發展、技術、資訊運用程度的差異也相當大,再加上專利保護的門檻、特權的壟斷及消費者非完全理性等特性,完全自由競爭的市場在現實社會中難以形成。是故,條件落後的國家,希望透過政府的協助與干預,突破經濟上的弱勢;而先進國家的政府,也往往被賦予穩定經濟、促進經濟成長的責任。

基於人民的期待與政治選舉的考量，目前各國政府或多或少均
會對經濟與產業的發展進行不同程度的干預。

一、產業政策的理論基礎

　　產業政策主要的精神為政府透過政策干預，來提升產業的
競爭力。1970年代以後，各國才開始注意產業政策的重要性，
其中尤以日本產業政策實行的成效最受到矚目。理論上，有不
同的理由主張產業政策的推行，其中以「動態比較利益理論」
與「市場失靈理論」為最主要。

　　1. 動態比較利益理論。此理論主張摒棄傳統經濟學的靜態
比較利益理論(theory of static comparative advantage)，而以動態
比較利益理論(theory of dynamic comparative advantage)為基
礎。根據靜態比較利益理論，一國應專業於具有資源稟賦優勢
的產品生產，而後各國再進行貿易交換。例如，勞力豐富的國
家應發展勞力密集產業，技術較發達的國家則應發展技術密集
產業，這樣的分工原則可以降低生產成本、提高經濟資源使用
效率。但產業政策學者Scott(1982)則認為，第二次世界大戰後
許多國家(如日本)經濟得以快速發展，乃基於超脫靜態比較利
益的觀念，經由政府與民間充分的協調，配合促進科技創新，
擴大生產規模並有計畫地拓展出口來突破傳統國際貿易靜態比
較利益的範疇。因此，Scott主張經由政府與民間共同努力制訂
各項政策與策略(包括產業政策)，以迅速有效反映國際經濟的
變遷，帶動國內某些特定產業的發展，形成動態比較利益的優
勢。

Johnson(1984)等學者並進一步認為，傳統的靜態比較利益觀是建立在「地理性差異」及各國要素稟賦不同而產生的全球分工，而動態比較利益的觀念，係以人性創造力、遠見、高教育水準、勞動力、組織才能、決策能力、適應能力等要素來取代傳統的要素稟賦指標。這些指標雖無法完全取代要素稟賦，但卻能影響公共政策的品質及國家整體的人力素質等，而提高產業的競爭力。

2. 市場失靈理論。一些研究福利經濟學、財政學、產業經濟學的學者認為，如果經濟能交給市場自由運作，自可提高資源運用效率。但若市場存在獨占、外部效果、公共財、資訊不完全等情形，造成市場失靈，則市場機能將無法反映使用資源的真實成本，而致無法有效運用資源，此時政府就有介入的必要，以矯正市場失靈的現象。例如，研究與發展(R&D)、人才培訓等皆對整體產業發展具有外部性，這些活動若透過自由市場運作，價格機能無法有效發揮，將使業者在這些活動的投入過少，使產業發展無法發揮最大的潛力，此時政府就可以提供租稅獎勵，使企業願意往這些活動投入資源。此外，風險(risk)與不確定性(uncertainty)也是政府介入經濟活動的理由，政府透過風險或不確定的降低，將可促使業者願意投入參與活動。

3. 保護幼稚工業論。此一理論認為，某些產業在發展之初──即產業處於幼稚階段時，由於技術層次較低或未達經濟規模，使其應付市場競爭的能力薄弱，因此政府如在其發展之初給予扶植與保護，以減少外來的競爭壓力或傷害，待一段時日，這些產業成長茁壯後，再放手讓這些產業與國外競爭者相抗

衡，將可使該等產業在國內建立、生根。Devis與Page(1984)指出，這種現象普遍存在於開發階段的國家，這些國家常將工業部門視爲「幼稚部門」，政府運用高度的貿易保護政策(例如，高關稅、政府採購)，以培植其國內產業替代進口品的能力。

4. 不平衡成長理論。相對於平衡成長理論主張所有產業部門應該均衡地同時成長[1]，Hirschman(1958)認爲經濟發展之初應著重某些特定產業的成長，藉以帶動其他產業的成長，而政府應主動介入市場，選定某些產業作爲關鍵產業，刺激這些關鍵產業的投資意願，讓特定產品市場發生一連串供需失衡，進而誘發其他產業的投資。亦即，透過「失衡發展策略」(disequilibrium development strategy)的採行，維持經濟的活力。此理論提供了政府選擇策略性產業加以獎勵的基礎。

5. 策略性貿易理論。依據完全競爭的假設，傳統的貿易理論認爲自由貿易爲最佳策略，限制貿易將使其福利水準下降。惟Krugman(1984)、Brander與Spencer(1981)等人認爲，當市場具有不完全性、規模經濟、外部利益、動態學習效果，以及其他制度性的限制因素存在時，政府採取適當政策介入市場機能(例如，選擇策略性工業或對幼稚工業採取補貼或關稅保護)、干預國際貿易，將有利於產業發展，而可以提高經濟效率與社

1　平衡成長理論認爲所有產業部門應該供需均衡地同時成長，強調理想的成長途徑是依照消費者偏好型態的改變，同時擴張所有產業部門，否則只靠單一部門的擴張，無法爲此部門創造出足夠的有效需求。此理論所引申的政策意涵爲，政府應以產業發展環境的塑造取代個別性產業的獎勵。

會福利。

6. 內生成長理論。Romer(1986)、Lucas(1988)、Barro
(1990)、Grossman與Helpman(1991)等學者,以新古典成長模型
為基礎,將規模報酬、人力資本、政府活動、研究與發展等變
數予以內生化,發展出解釋經濟持續成長的內生成長理論
(endogenous growth theory)。由此理論可引伸出政府藉由政策影
響此等變數,便可帶動經濟成長。

除了以上介紹的動態比較利益、市場失靈、保護幼稚工業、
不平衡成長、策略性貿易及內生成長等理論外,在實務上政府
介入產業發展,往往也會因為以下的理由:

1. 抵消既存的扭曲。由於經濟發展之初,政府可能較偏向
管制市場的方式制訂相關法規,但隨著經濟逐漸開放,為排除
制度上的障礙,便會運用其他的工具來排除原有工具所造成的
扭曲。例如,台灣在1998年以前,營利事業的利潤除了要繳交
營所稅外,分配給個人後尚需繳交個人綜合所得稅,這除了產
生重複課稅的現象,並對於儲蓄、投資意願造成不利影響,故
為了消除此一稅制上的扭曲情形,政府透過獎投資條例的制
訂,給予產業投資租稅減免的獎勵。不過,這是否就能夠消除
原有的扭曲,或是引進另一新的扭曲,是值得探討的問題。

2. 國際示範效果。在全球化趨勢下,資訊及通訊發達、資
金移動更為便利,各國間如存在租稅差異則可能使稅率高的國
家吸引不到投資,並驅使較有移動能力的生產要素外移,造成
經濟空洞化的後果。因此,為吸引投資以創造就業,各國政府
往往參考或比照其他國家採取租稅優惠措施,以免在租稅競賽

中落後。例如，為吸引企業營運總部在台灣設置，台灣政府於
2002年促進產業升級條例修正時，便參考新加坡所提供設立營運
總部的租稅優惠，給予跨國企業資金運籌時相關稅捐上的減免。

二、產業政策的爭議

　　支持產業政策者，希望政府透過干預產業的活動，提升產
業競爭力、矯正市場失靈。反對政府介入產業發展者，則是針
對政府失靈提出質疑；他們認為，相對於市場失靈，政府運用
各項產業政策工具介入產業發展，亦可能因公共選擇缺乏效
率、利益團體遊說、選民理性無知、行政官僚追求預算最大化
等因素，而使政策介入反較市場運作更缺乏效率。詳言之：

　　1. 產業政策將影響市場運作效率。持此論者認為，市場機
能是資源配置最有效率的途徑，以產業政策介入產業發展，將
使得市場機能遭到扭曲。例如，租稅獎勵可能造成產業內不同
企業租稅負擔的不同，以及同一企業在不同時期間，面臨不同
的租稅誘因，使得企業內、企業間、產業內、產業間，甚至國
際間資源的不當配置，除造成不公平外，並將造成福利的損失。

　　但是，支持產業政策論者認為，租稅獎勵本來就負有政策
性目的，而非以量能課稅等公平性為考量基礎。如果對特定產
業的租稅優惠能增進社會福祉並帶動整體經濟發展，那麼產業
政策即具有其正當性。

　　2. 誘發尋租行為，造成社會無謂的損失。政府在研訂獎勵
與非獎勵措施或對象時，勢必造成特定利益團體的遊說或行政
的干擾，這除了使行政成本提高外，亦將誘發尋租（rent-seeking）

行為，其所造成的無謂損失將使原先獎勵的效益打折扣。然事實上，在民主政治體制下，任何政策產生的實質利益，勢必有尋租行為的產生，如何透過監督機制，使特定利益團體的干擾降至最低，則是政府在運用政策工具時必須加以考量的。

3. 對於政府選定策略性產業能力的質疑。雖然動態比較利益理論認為政府應主動介入市場，選定某些產業作為關鍵產業，刺激企業投資意願，推動其發展，以誘發其他產業的成長。但政府是否能在多變的經濟環境中擁有足夠的判斷能力，準確篩選出能帶動整體產業發展的關鍵產業，一直是學者質疑的焦點。

4. 使稅制越趨複雜。例如，在租稅法定主義下[2]，為防堵獎勵落在不該獎勵的對象，造成更大的不公平發生，各種租稅獎勵的實施，政府往往會設計許多限制、條件，或計算減免稅的公式，使得稅制更趨於複雜，讓各界難以理解。這除增加企業申請的困難度外，更浪費許多行政資源，反而對經濟產生負面的影響。不過，在追求產業發展的前提下，以興利重於防弊的精神制訂獎勵法規，應會是受到社會肯定的。有時既存的法規已不符合產業發展現況，而產生扭曲現象時，採用租稅獎勵的方式，暫時解決現存稅制的扭曲，亦不失為一種解決的方式。

政府透過產業政策介入產業發展的手段，是否真能帶動產

2 租稅法定主義係指，國民納稅義務的形成以及內容標準，應以法律規定之方為合法，未經立法程序而對人民徵收，即屬違法。中華民國憲法第19條規定，人民有依法律納稅之義務，亦即符合人民納稅義務者係由於法律規定而產生之。

業發展一直備受爭議，贊成與反對兩派的意見，可以歸納如表
2-1。

表2-1　贊成與反對政府介入產業發展的理由

支持者的論點	反對者的論點
1.矯正市場失靈。 2.動態比較利益的推動。 3.外部性的矯正。 4.國際示範效果。 5.消除現存制度扭曲。	1.政府失靈。 2.降低市場運作效率。 3.誘發尋租行為，造成無謂損失。 4.質疑政府選定策略性產業能力。 5.租稅制度複雜化。

第二節　產業政策工具的比較

由於政府介入產業發展活動在理論上仍存有很大的爭議，
因此各國在產業政策的運用上，有的國家較為積極，有的國家
較傾向尊重市場機制，不過產業政策的工具仍然普遍被各國所
採用，只是運用的工具各有不同。本節將先就產業政策工具的
種類作介紹。

一、產業政策工具的分類

（一）依政府因應經濟環境變遷的策略區分

Diebold(1980)依政府因應經濟環境變遷的策略，將產業政
策區分為防禦性（defensive）、適應性（adaptive）及開創性

(initiative)等三種。防禦性產業政策乃在面臨經濟環境變遷時，僅止於維持原有的產業結構並以適度的保護措施維持產業生存，對於其生產或行銷之結構則不做任何調整或干預，限制進口等措施屬之。適應性的產業政策則是以移轉資源使用方式，適度的干預或結構調整，以促使產業維持競爭力。開創性的產業政策則是使產業不只能適應經濟環境變遷，而且還能帶動經濟環境的變遷。

(二)依產業影響的關連性區分

若以產業影響的關連性，可將產業政策區分為一般性的產業政策與部門性產業政策兩種：

1. 一般性產業政策。又稱水平式產業政策，適用對象為所有產業，其又可分為針對勞動、資本及研究與發展投入等有關「生產要素關聯」的產業政策；與廠商規模及行為有關(如反托拉斯、公平競爭政策)之「廠商關聯」的產業政策；或與區域發展程度有關的「區域關聯」產業政策。

2. 部門性產業政策。又稱垂直式產業政策，針對特定的產業給予特別的協助。例如，促進資本密集、技術密集產業的發展，或提供傳統產業輔導及補助等。

由於產業政策可以各種方式加以區分，為便於分析起見，在本書中我們多以「功能別」、「產業別」以及「整體投資環境」的政策分類進行討論。「功能別」政策係針對企業的特定經濟活動施予的干預，例如，提供所有企業研究與發展支出的獎勵政策，係以市場失靈、矯正外部性作為理論基礎。「產業別」政策係針對特定部門產業所推動之政策，例如，提供新興

重要策略性產業五年免稅的獎勵，通常是政府重點扶植的產業。不平衡成長理論及保護幼稚工業論等，都是政府採行這種產業政策的理論基礎。「整體投資環境」政策，則係對整體投資環境所做的改善，無法歸屬「功能別」或「策略性產業別」的政策均歸為「整體投資環境」政策，平衡成長理論為這種產業政策的理論基礎。以上的敘述可歸納如表2-2。

表2-2　產業政策種類與理論基礎

產業政策種類	政策重點	理論基礎
功能別政策	協助特定功能性活動。	市場失靈，矯正外部性。
策略性產業別政策	主導特定產業、保護幼稚產業或扶植衰退型產業發展。	不平衡成長理論。保護幼稚工業論。市場失靈，矯正外部性。
整體投資環境改善政策	改善整體投資環境、平衡區域發展等。	平衡成長理論。

二、產業政策工具的比較

　　目前各國政府實際運用的產業政策工具，約可包括設定產業發展目標、金融協助、保護與管制、技術開發與協助、行政協助及租稅獎勵等項目。以下我們針對這六種工具的作法、針對的課題、運用的程序及特性進行簡要的比較分析(表2-3)。

表2-3　政府介入產業發展之工具比較

工具	實施方式	程序	特性
設定產業發展目標	公布重點發展產業及其目標。	由政府前瞻國家未來發展方向,篩選適合發展之產業或目標。一般會配合其他工具使用。	1.優點:指引全國努力的方向及願景,可上下一心齊力推動。 2.缺點:目標選擇不容易,易造成龐大資源浪費。 3.效益需長期間觀察。
金融協助	提供低利貸款、分期貸款、信用保證。	由政府編列預算並逐案審查與評估,再提供特定對象低利優惠貸款之申請,紓解流動性問題。	1.優點:配合業者活動,降低其投入成本。 2.缺點:可能造成利率結構的扭曲,具行政裁量空間。 3.提供協助之金額、件數、對象確定,成效評估較爲容易。
保護與管制	限制外人投資、進口管制、政府採購,保障國內產業及市場。	針對合格廠商選擇性提供採購機會,提高關稅。	1.優點:保護特定廠商或國內市場之效用最爲直接。 2.缺點:易於養成廠商依賴心理、增加政府採購成本,原則上不爲WTO所允許。 3.短期有效,長期效用將會降低。

工具	實施方式	程序	特性
技術開發補助與輔導	提供研究與發展補助金、協助開發技術及移轉。	由政府編列預算，依獎勵目的審查相關投資或研究與發展計畫，再給予技術協助或研究與發展的經費補助，分攤研究與發展風險，降低資金成本。	1.優點：不直接扭曲稅制與利率結構。直接協助業者轉型升級所需技能或資金。 2.缺點：政府技能可能不足、行政部門的裁量權相對較大。 3.提供協助之金額、件數、對象確定，成效評估較為容易。
行政協助	提供資訊管道、建構交易平台、整合業界共同參與、規劃工業區、頒獎表揚。	尊重市場的價格機能有效率地引導各項經濟活動。政府評估廠商所遭遇的問題，協助障礙排除或建構其所需環境。	1.優點：不直接扭曲稅制與利率結構；為尊重市場運作，政府以提高行政效率的方式提供協助並提高榮譽感。 2.缺點：政府可能選擇性針對大廠提供協助。 3.屬環境之整建，影響範圍廣且時間長。
租稅獎勵	提供租稅假期、投資抵減等，改正外部性，降低成本、提高投資誘因。	立法後只要合乎一定資格、標準，就具普遍適用性，屬事後獎勵觀念。因不需每年編列預算，一般有落日條款的規定。	1.優點：無需籌措財源，手續簡便。 2.缺點：具錦上添花特性，可能產生新的扭曲。 3.短期產生稅收損失，長期可能增加稅收。因涉及企業行為之改變，成效評估不易。

（一）設定產業發展目標

政府透過彙集學者專家等意見，再參酌經濟發展趨勢等，研擬經濟計畫，設定產業發展方向與目標。當政府設定重點發展目標後，配合整體資源之投入，除可讓民間了解未來產業發展趨勢外，並可引導民間的資源投入，此乃屬於一種動態預期[3]。

設定產業發展目標的風險在於，政府或學者專家建議的產業項目與其發展目標，不見得能趕得上環境的快速變遷，是否把資源錯置於不具競爭力的產品上，造成浪費，將是政府在選擇重點產業時最大的挑戰。

（二）金融協助

提供低利貸款、分期貸款、信用保證等均為政府可提供給企業的重要金融協助工具，可以實際降低業者資金使用成本，達到促進投資的目的。此項政策工具為世界各國政府所普遍採取的手段，在台灣亦相當常見。例如，各種機械設備、週轉金或傳統產業之低利貸款等，政府透過各類基金或直接由政府編列預算補貼與市場一般利率之差額，來使特定用途的投入資金成本降低。由於所提供協助之金額、件數及對象確定，故成效評估較為容易。

不過，此種政策工具將造成利率結構的扭曲，而使得整體資源配置效率降低。金融協助另外一個特性是，大財團相對於

3　例如，2002年台灣所提出的「挑戰2008國家發展重點計畫」中，政府宣示推動「兩兆雙星」計畫，希望帶動半導體、影像顯示產業產值可以在2008年達到1兆元以上；數位內容、生物技術等產業也將成為具高度成長潛力的產業。

中小企業信用較佳，可取得融資的管道較多，因此相對而言可以享受到低利貸款的優惠較多；中小企業則由於信用狀況較差，貸款往往需政府另外透過信用保證機制加以協助。

(三)保護與管制

經濟發展初期，政府為扶植幼稚產業發展，常利用保護與管制的作法。例如，政府透過對進口貨品課以高關稅的作法，提高進口產品的價格，使其在國內市場的價格競爭力下降；或透過限定採購國產品的方式，保障國內產業市場，達到保護國內相關產業的目的。不過保護的作法，短期內可能達到保護的目的，但長期而言則可能使廠商養成依賴政府的心態，喪失進步的動力，使其愈形依賴政府；限制採購也將使得政府採購成本增加，形成國內外產品的不同差別待遇。目前相關保護、管制的作法，因違反國民待遇原則及將形成貿易障礙，原則上不為WTO所允許。

(四)技術開發補助與輔導

政府為鼓勵企業多從事某項活動，透過提供補助金、結合研究單位提供輔導的方式，帶動企業投入。例如，為鼓勵企業積極進行產品或技術的研究與發展，台灣政府擬定「主導性新產品開發輔導辦法」、「業界開發產業技術計畫」、「鼓勵中小企業開發新技術推動計畫」等計畫，由經濟部編列預算，提供技術開發者申請相對的補助款，分攤其研究與發展投入的風險。此外，政府鑒於本身相關技術及經驗不足，故結合其他企業或研究單位的能量，透過品質、設計等輔導計畫，協助企業品質及設計等能力的提升。該等計畫均屬事前獎勵，並需透過

審查其投資或研究與發展計畫方能獲得補助或協助，其缺點在於行政部門的裁量權相對較大，優點是不會直接扭曲稅制與利率結構。由於所提供協助之金額、件數及對象確定，成效評估較為容易。

(五)行政協助

作法包括提供資訊管道、建構交易平台、整合業界共同參與、法規鬆綁、規劃工業區、縮減行政程序、頒獎表揚等，屬對不特定產業或企業的基礎建設架構工作，重視市場機能的有效發揮，亦不會直接扭曲稅制與利率結構，影響產業範圍廣且時間長。不過，有時政府亦會針對特定產業或企業所遭遇的困難提供協助。例如，台塑六輕四期建廠，政府特別針對企業個別的需要，協調解決其所面臨的問題。頒獎表揚的方式(例如，小巨人獎、國家精品獎選拔)，則可激發企業的榮譽感並提升企業在業界的地位，外部效果亦相當大。

(六)租稅獎勵

相對於其他非租稅獎勵政策工具係由政府部門透過預算編列，將經費直接花用在產業發展環境之建構或協助上，租稅獎勵是透過租稅法令之制訂，以租稅減收方式來達成促進產業發展的目的。由於租稅獎勵無需另籌財源、執行上較為簡便，擁有預算優先支用及保障之優勢，在民眾容易有財政幻覺下，租稅優惠常成為政府偏好採取之工具。

以上六種政策工具，各有其實施方式及特性，不論政府是以「功能別」、「產業別」或是「整體投資環境」的基礎促進產業發展，這些工具均能夠交互運用，其中金融協助、技術開

發補助等屬於直接財政支出事項；租稅獎勵則屬間接支出事項〔又稱爲稅式支出(tax expenditure)〕，與直接財政支出一樣，可直接降低業者的成本。至於設定產業發展目標及行政協助等二項，則較未涉及政府資金的補助或多與整體基礎環境的改善有關。保護與管制部分，則在計畫經濟制度下較常被採用，市場經濟下則較少被採行。

　　事實上，不論是租稅獎勵或金融協助等非租稅獎勵措施，均普遍爲各國所採行，只是因經濟發展階段、產業發展特性等因素，而使實施方法、措施與期間有所不同[4]。就直接財政支出與間接財政支出進行比較，開發中國家、東亞新興工業化國家以及社會主義經濟轉換國家，比較傾向租稅減免的誘因措施；而OECD等先進國家，則傾向採用金融性的獎勵措施。不過針對某些活動的獎勵，例如，研究與發展的獎勵，在某些OECD國家（例如，澳洲、加拿大），採用租稅獎勵的情形超過政府直接補貼，而在法國、日本、美國等國家，則採用直接補貼的情形超過租稅獎勵[5]。

　　至於獎勵成效，國外實證研究結果顯示，財政支出(直接支出)乘數值較租稅(間接支出)乘數值爲大，顯示政府財政支出對產出擴增的效果較租稅減免爲佳，而先進國家政府爲刺激短期經濟景氣時，通常也是先採擴大公共建設支出的作法[6]。

　　全球化的趨勢促使產業競爭更形激烈，科技的發達也使企

4　先進國家的產業政策與相關措施比較，可參閱林安樂(1999)。

5　參閱OECD(2003)。

6　參閱Hemming、Kell與Mahfouz(2002)。

業型態更加多樣化，如何掌握趨勢與業者需求，以穩定國內的
經濟成長、促進就業，相信都會是各國政府未來在運用租稅獎
勵或其他產業政策時考量的重點。然由於各國所處經濟發展階
段、產業發展環境、產業特色不同，在產業政策工具的運用上
勢必有所差異，租稅獎勵運用的方式也自然有所不同。即便在
一個國家的境內，也會因不同經濟發展階段、不同產業特性以
及不同產業活動，而評估採取不同的產業政策工具。租稅獎勵
僅是眾多產業政策工具中的一項，政府應慎選後加以運用。

第三節　租稅獎勵與產業發展的關係

　　為支應政務支出和達成政策目標，政府基本上利用發行公
債、發行通貨及課稅等方式，籌措所需資金。課徵租稅，則是
政府以強制的方式，將原可歸私人使用的資源或財富轉由政府
支配，這樣的作法將影響私人的消費、儲蓄或投資等行為，亦
將產生資源重分配的效果。利用租稅這樣的特性，政府便可以
透過變更稅目或調整稅率的方式，獎勵或懲罰私人的特定行
為。

　　在第一節曾提到，若市場存在獨占、外部效果、公共財、
資訊不完全等情形，造成市場失靈，則市場機能將無法反應資
源使用的真實成本，而無法有效配置資源，此時政府就有介入
的必要，以矯正市場失靈的現象。在第二節中我們介紹政府介
入產業發展的政策工具諸如設定產業發展目標、金融協助、租
稅獎勵等等。在本節中我們將進一步了解租稅獎勵這項政策工

具與產業發展的關係。

一、租稅獎勵的分類

　　相對於政府直接編列預算支出以達成政策目標的作法，租稅獎勵係透過在租稅體系中制定某些條例，以稅捐上的免除、扣抵、減免、遞延或優惠稅率等租稅讓步的方式來間接達成政府所要追求的目標，故又可稱為稅式支出或租稅補貼（tax subsidies）。

（一）依獎勵方式區分

　　1. 直接減免。此係將全部或部分的稅基，在稅法上給予納稅義務的排除，或賦予降低稅率或特別的稅額扣除。租稅假期（例如，給予五年免稅）、投資抵減、零稅率、納稅限額或適用最低稅率等屬之。由於此等獎勵均係對稅基及稅率造成影響，減免稅額具有確定減除的效果，故又稱為「實質減免」。

　　2. 間接減免。係藉由各種準備金的提列或特別折舊等方式，使早期增加費用的認列，從而降低課稅所得而達成一時減輕稅賦的目的，但後期費用認列較少，將增加課稅所得。此種獎勵措施主要是稅賦遞延，猶如政府提供無息貸款，並無額外的減免利益。由於此種措施係透過費用的減除而具有減免稅捐的作用，且該減免只是暫時性，長期而言總體稅賦並未改變，故又可稱為「課稅遞延」。

　　一般而言，直接減免方式，雖對產業較具獎勵誘因，卻對於國庫稅收有較大傷害，故在運用上必須較為謹慎；間接減免對國庫而言僅是稅收遞延，只要不影響國家財政的調

度，付諸實施的機率將會較大，但對產業而言，獎勵誘因較為有限[7]。但在兩稅合一制度下，由於企業階段所課徵之所得稅可於股東階段扣抵，所以當給予企業稅捐上的減免時，公司階段雖不課徵營利事業所得稅，但待盈餘分配給股東後，將透過股東的個人綜合所得稅繳交稅捐，故不管是直接減免或間接減免方式，如不考慮稅捐逃避等所造成稅捐流失，則租稅減免在兩稅合一制度下，對政府稅收的影響將僅在於稅收時間的落差而已。

(二)依獎勵目的區分[8]

1. 弱勢需求類。即針對經濟弱勢者的特別照顧或基於社會福利的考量所提供之租稅優惠。例如，提供老年或殘障者較高的扣除額。

2. 租稅公平類。主要是為減少稅上加稅的不公平，或考量為獲取收入而必要付出的費用等。例如，薪資所得扣除額。

3. 利益團體類。主要係針對特別身分或職業者所給予的租稅減免。例如，所得稅法中的軍教免稅等。

4. 一般經濟誘因類。主要指對有助於經濟成長的行為所給予的租稅減免。例如，給予個人儲蓄27萬元免稅額。

5. 特別經濟誘因類。主要指對有助於經濟成長的特別行為所給予的租稅減免。例如，促進產業升級條例對研究與發展投資抵減等獎勵規定、中小企業發展條例及農業發展條例等給予

7　參閱經建會(1987)。
8　參閱曾巨威(2002)。

特定產業發展的租稅獎勵均屬之。

在本書，我們將針對租稅獎勵與產業發展較為相關的部分
——即上述有關一般經濟誘因類及特別經濟誘因類的項目——
進行討論。

二、租稅獎勵影響產業發展活動的理論基礎

租稅獎勵在實務上可用以追求改善所得分配、社會公平正
義、租稅公平、經濟成長及產業發展等目標。理論上，需求面
經濟學係以消費、投資、政府開支及淨出口等項目觀察產出的
改變，而政府透過租稅減免，將影響消費、投資，而使總合需
求改變，進而提高產出水準，租稅減免因此得以影響產業的產
出。供給面經濟學（supply-side economics）則從廠商之生產面觀
察產出與整體經濟的發展，強調邊際稅率（marginal tax rate）對產
出活動的影響，即政府透過邊際稅率的降低，除可提高廠商利
潤，帶動投資外，並可激勵人們的工作意願，進而提高生產力[9]。

文獻上對於租稅獎勵如何影響產業發展，主要是在強調租
稅獎勵與企業投資間關係的探討上。由於企業投資是影響總體
經濟相當重要的一環，而影響企業投資的經濟變數很多，包括
廠商的預期利潤、預期銷售量、內部資金流量以及生產要素（勞
動和資本）的報酬等。

投資理論中，加速原理（accelerator principle）認為預期銷售
量是決定投資意願的關鍵性變數，租稅減免只能影響資本的相

9　有關供給面經濟學的論點，可參閱Bosworth（1984）。

對價格,對預期銷售量並無任何作用,自然不會提高企業的投
資行為。換言之,租稅減免只不過給廠商帶來一筆節稅的意外
利益而已。支持租稅減免能夠促進投資的理論則有新古典投資
理論(neoclassical investment theory),該理論強調勞動與資本相
對價格對投資的影響。實施投資抵減,將使企業使用資本財(如
機器設備)的成本降低[10],若勞動的工資不變,資本的相對價格
因而下降,將促使廠商以資本代替勞動來從事生產(要素替代效
果);另一方面,隨著資本使用成本降低,企業的生產成本下降,
將刺激企業擴充生產規模(產出效果),因而提高增購資本財的
意願。是以,研究租稅獎勵效果的文獻,多以新古典投資理論
為基礎,而Hall與Jorgenson(1967)的實證結果亦支持這種理論的
假說。

　　根據新古典投資理論,租稅獎勵可以誘發企業投資行為,
故當政府認為國內投資不振或經濟不景氣時,便可透過租稅減
免刺激企業加速投資,達到財政政策穩定經濟的目標。此外,
如果政府認為企業某些活動具有外部效果時,也可透過租稅減
免降低這些活動的成本,進而影響企業投入的意願,進而達到
政府欲引導企業發展的目標。例如,利用租稅減免鼓勵企業投
資於節約能源、污染防治活動,或投資於經濟發展較落後地區,
或投入政府擬策略性協助發展的產業上,進而促進產業升級、
轉型。

---

10 資本使用者成本另受資金成本、折舊率、稅率、加速折舊及物價膨
　脹等因素影響。

　　上述的新古典投資理論，簡化了企業的投資決策行為。例如，影響企業本身投入研究與發展的因素尚包括產業的前景、人才的供給、智慧財產的保護等；影響企業區位選擇的決策因素則包括基礎環境、政治穩定度等，實務上不可單純以投資理論模型的假說，直接判斷租稅獎勵措施對企業投資行為的影響。

　　至於政府該採行暫時性或長期性租稅獎勵措施，部分學者認為暫時性的租稅獎勵措施帶動投資的效果大於長期性租稅獎勵措施，但部分學者則懷疑政府影響企業投資時機的能力，且認為暫時性的政策會增加投資的不確定性，進而減少企業投資[11]。王建瑄、何國華(1983)則認為，以租稅獎勵作為對抗經濟景氣變動工具時，其適用範圍宜廣，實施期限宜短。蓋因其目的在促使投資人將未來的投資提前為之，以促使經濟快速復甦，故期限宜短；因其目的在促使經濟復甦，故凡能達到此目的之投資，原則上均應在受獎勵之列，故範圍宜廣。但是，租稅獎勵採行目的如在促進產業升級，則實施期限可長但受獎勵對象則應以對產業升級有助益之投資為限，故適用範圍宜小且有選擇性。

　　租稅獎勵的運用是否確實有助於產業的發展，理論上新古典投資理論已給予支持，而由於租稅獎勵無需籌措財源、執行較簡便等特性，使得租稅獎勵工具普遍為世界各國所採行。但亦有反對者則認為，租稅獎勵與其他產業政策工具一樣，干擾了市場價格機能的運作，容易造成資源配置的扭曲、稅收損失，故反對政府採行租稅獎勵措施(表2-4)。由於租稅獎勵效益的評

11　參閱Hassett與Hubbard(1996)。

估甚為不易,是否採行租稅獎勵的爭議,相信在短期間仍將持續而無定論。

表2-4 租稅獎勵的功能、特色與爭議

支持租稅獎勵者	反對租稅獎勵者
1.租稅獎勵無需籌措財源。	1.租稅獎勵以稅收損失為財源。
2.租稅獎勵可激勵私人投資行為。	2.其他政府支出亦有相同功能。
3.租稅獎勵執行較簡便。	3.需視個別項目而定。
4.租稅獎勵效果明顯。	4.只提供「錦上添花」的效果。
5.政府支出扭曲資源配置效率。	5.租稅獎勵扭曲資源配置效率。
6.政府法定支出容易不當擴大。	6.租稅獎勵容易不當擴大。
7.租稅獎勵對稅率高低無影響。	7.造成稅率居高不下。
8.租稅獎勵對象明確。	8.無法效及真正的需求者。
9.租稅獎勵預算可受監督。	9.租稅獎勵不易監督。
10.預算項目明確責任清楚。	10.租稅獎勵混淆部會政策責任。

資源來源:曾巨威(2002)。

三、租稅獎勵效益的評估

租稅獎勵效果的評估,一般而言最常被提出討論的包括經濟效益、稅收效益及誘發效益三大類。

(一)經濟效益

政策工具是否實施,必須兼顧成本與效益,當效益大於成本,政策的實施才有其意義。就租稅獎勵工具而言,租稅獎勵的成本除稅收的效果外,應再包括行政成本的投入(包括企業申請手續與政府部門的審查流程,以及為防弊、逃漏所造成的資源配置無效率)與租稅不公平或資源扭曲所造成的無效率等。至

於租稅獎勵的效益部分，則誘發投資、帶動景氣、促進產業升級及信心的提升都應納入評估。不過，一般而言，行政成本的投入及信心提升等效果，較難予以量化。

（二）稅收效益

即衡量稅式支出或租稅獎勵的規模。實務上會先確認合乎稅式支出定義項目，即找出正常的稅目之外的特殊優惠規定，其次再以稅收損失法、稅收增益法或等額支出法等來估算稅式支出的規模（林華德、李顯峰，1996）。詳言之：

1. 稅收損失法。係指由於特殊租稅條款的存在，所導致稅收減少金額的估算。進行估算時，假定納稅人的行為固定不變，比較這些特殊法條存在與不存在時所產生的稅收差別。

2. 稅收增益法。係考量若去除某一特殊租稅條款後，預期可增加的稅收額。原則上也需包括取消這些條款後，預期會連帶使納稅人行為發生改變等後續效果。然而，由於測度上的困難，大多數估計稅收增加時，並不考量後續效果。

3. 等額支出法。此乃是比較稅式支出與政府直接支出，即為達到相同的效益，如果一項稅式支出被直接支出所取代，估計所必須有的直接支出金額。此為美國財政部在1983年採用的方式，不過仍假設納稅人的行為模式是固定的。

就租稅獎勵的稅收效果而言，影響租稅收入的因素包括稅基與稅率，直接計算時，減稅（稅率降低）將造成整體稅收減少。但是，根據供給面經濟學的拉弗爾曲線（Laffer curve），政府為增加稅收，當提高稅率至某一水準時，將使民眾或企業的行為發生改變，造成稅基的侵蝕，稅收將可能呈現不增反減的現象。

在此情況下，透過租稅獎勵給予租稅減免，整體的稅收反而有可能是會增加的。

江振南(1971)亦認為，對政府而言，稅式支出的成本面包括政府因該租稅獎勵所放棄的稅收額及配合該稅式支出所發生的其他成本；收益面即由受獎勵企業處所增收的薪資所得稅與其他稅額，及由受獎勵企業的員工身上所增收的各種間接稅[12]。然而，由於納稅人行為的改變有測度上的困難，而間接的稅收影響在實際統計上並不容易，故供給面經濟學拉弗爾曲線所強調的減稅(稅式支出)能使稅收不減反增的情形，難以反映在實際的估算上。

(三)誘發效益

即針對單一行為，透過租稅獎勵的提供，評估其能夠誘發多少行為的改變。例如，政府為獎勵民眾儲蓄，提供個人每年利息27萬的扣除額，而提供獎勵前後民眾儲蓄率的變動情況，將是評估的重點。

上述三種評估中，經濟效益的評估應該才是決策的重要參考依據，但是由於部分成效量化估計的困難，以及現實社會中政治力的介入及利益團體的遊說往往會使租稅獎勵稅收成本被低估、效益被誇大，因此近來各國為避免稅式支出無限制擴張，

---

12 間接稅(indirect tax)是相對於直接稅(direct tax)而言。二者之主要區別，一般是以租稅課徵後是否轉嫁為標準，轉嫁者為間接稅，否則為直接稅。在各國常見租稅中，典型的間接稅是銷售稅(sales tax)(在我國為營業稅)及特產稅(excise tax)(在我國為貨物稅)；典型的直接稅是所得稅，尤其是個人所得稅(在我國為綜合所得稅)。

便常採編列稅式支出預算表的方式來凸顯稅式支出的成本。然而，不管是經濟效益、稅收效益或者誘發效益的評估，實務上為評估租稅獎勵的成效，下列幾類方式是文獻中常採行的作法：

1. 調查法。以受獎廠商為對象，詢問租稅獎勵在投資決策中之重要性，以及各項獎勵措施的效果等，有時並調查未受獎勵之廠商作為對照。惟調查問卷的問題若涉及廠商權益，往往難以獲得真實答案，且可能過於主觀、不易找到投資決策人來填答問卷，也將影響調查結果的可靠性。

2. 計量經濟法。即採用經濟計量模型來估計租稅獎勵所帶動的相關經濟或誘發效果。在衡量租稅獎勵帶動投資的效果時，大多以Jorgenson（1963）及Hall與Jorgenson（1967）所建立的模型為基礎，假設存在調整成本（adjustment cost），探討在封閉和開放的經濟體系下，投資抵減率的變動對資本使用者成本的影響，進而對投資水準的影響[13]；或者利用聯結總體經濟模型，推估租稅獎勵對總體經濟的影響[14]；或者利用內生成長模型，探討租稅課徵對經濟成長的影響[15]。惟實際影響經濟活動的因素往往很複雜，可能由於模型過於簡化，或投入資料不準確，而影響評估的結果。

3. 準實證研究法。此法通常用於相關數據不足、無法採行計量方法的情形。例如，台灣在2003年所通過促進產業升級條例第九條之二規定，製造業或其技術服務業2002至2003年新增

---

[13] 例如，張慶輝（1985，1988）、Sen與Turmovsky（1990）。

[14] 例如，王健全等人（1996）。

[15] 例如，Barro（1990）、Turmovsky（1996）、葉金標、徐偉初（2003）。

投資五年免稅,經濟部預估可誘發的投資金額係以1996年製造業固定資產占自有資產的比例,推算新設工廠回復2000年水準時可增加的投資金額[16]。

四、國外實證結果

Hall與Jorgenson(1967)首先透過新古典投資理論進行實證研究,結果發現7%的投資抵減率,可增加40%以上的投資。Eisner與Lawler(1975)的研究結果也顯示各種租稅獎勵措施對資本支出皆有適度的影響力。Hassett與Hubbard(1996)整理相關實證研究文獻也發現,投資的資本使用者成本彈性約在-0.5至-1.0之間,政府獎勵投資政策可獲支持。然而,Gravelle(1992)及Clark(1993)等人的實證研究結果卻也顯示,資本價格變動對投資水準並沒有顯著的影響。

Grubert與Mutti(2000)根據1992年500多家美國跨國製造業的報稅資料進行實證結果顯示,平均有效稅率的確會影響美國企業的跨國投資活動,低稅率國家較易吸引投資。不過,Plesko與Tannenwald(2001)利用美國22州在1991年的企業實際負擔的稅率等資料進行評估的結果卻顯示,租稅對於企業在區域投資決策上的影響遠較銷售及勞工等因素為小。

---

16 經濟部計算方式為,1996年製造業固定資產占自有資產的比例為48%,2000年製造業新設工廠為5,689家,平均每家固定資本形成為986萬元,2001年為3,793家。假設獎勵提供後可使新設廠家數可回復2000年的水準,則該部預估誘發投資金額為986(萬元/家)×5,689(家)/48%=1,168億元。

在影響企業外部性活動部分,依據Bloom等人(2000)對9個OECD國家所做的實證研究顯示,1979至1997年透過租稅獎勵降低10%的R&D成本,在短期間R&D支出水準僅增加1%左右,長期則不超過10%。Hall與Reenen(1999)檢視相關的研究文獻也發現,租稅減免的金額平均約可使企業增加等量的R&D支出,可見租稅獎勵確實具有引導企業活動的效果。

第四節　結語

為促進經濟成長、充分就業、物價穩定等目標,政府常基於市場失靈、動態比較利益、保護幼稚工業等理論介入市場的運作,或因為國際示範效果、消除既存扭曲等理由,而採取產業政策干預市場的運作。然而,由於介入市場的運作往往會面臨公平效率、政府失靈等問題,而引發政府應否積極介入市場運作的正反兩方的爭議。即使政府採行積極介入市場運作的態度,但由於實際介入市場運作可採行的產業政策工具種類眾多(包括租稅與非租稅工具),如何針對產業發展的情況,適切地運用這些工具協助產業發展,理論上並無一致性的看法。

就租稅獎勵這項產業政策工具而言,評估租稅獎勵的實施成效,雖然可從經濟效益、稅收效益及誘發效益等三方面著手,採取調查法、計量經濟法以及準實證研究法進行評估,然而由於各種實證評估方法各有其不足之處,因此也就無法獲得一致的結論。是故,雖然部分學者肯定租稅獎勵具有降低業者成本、帶動投資的效果,但是部分學者仍懷疑租稅獎勵的有效性。

　　綜言之，租稅獎勵的運用是否有助於產業的發展，截至目前爲止仍然爭論不休，支持者認爲租稅獎勵確實可以激勵私人經濟行爲、引導業者投資，且無需籌措財源，故值得政府採行。但反對者則認爲，租稅獎勵與其他產業政策工具一樣，干擾了市場價格機能的運作，容易造成資源配置的扭曲。這樣的爭議相信在短期間仍將持續而無定論。

第三章

台灣產業租稅獎勵措施的沿革

　　台灣的稅制早在二次大戰前即逐步成形,為戰後經濟復甦的需要,才逐漸開啓產業租稅獎勵的大門。觀察台灣所提供的租稅獎勵,可從稅制面、主要租稅獎勵法規及其他法規三方面進行。稅制面的租稅減免,主要是指國稅與地方稅所涉及的稅法(包括所得稅、土地稅、關稅、印花稅及遺產贈與稅等稅法)規定中,所存在的例外規定,例如,所得稅中的軍教免稅、利息收入27萬元免稅等。主要租稅獎勵法規,則是指專門針對產業提供租稅獎勵的獎勵投資條例以及促進產業升級條例,該二條例亦將是本書的探討重點。至於其他法規租稅獎勵,則是存在於上開兩種法令以外法規中的特別租稅規定。由於稅制相關的法規屬一般的納稅規定,其與產業獎勵相關者較少,本書僅摘要近年來重要的租稅減免措施,併入第二節中,不另深入探討。

第一節　主要租稅獎勵的立法沿革

　　台灣針對產業所提供的租稅獎勵，主要規定在獎勵投資條例（實施期間自1960年9月10日至1990年12月31日）以及其後的促進產業升級條例（自1991年1月1日起實施），本節將從台灣各個經濟發展階段檢視該項法規的獎勵重點及其沿革。

一、戰後經濟重建階段（1945-1959年）

　　1945年台灣光復後，政府致力於戰後生活的恢復及經濟的重建，並採取農工並重的策略。在農業方面，推行土地改革，並推動包括出口管制、增加電力供應、進口管制、設廠限制等保護國內產業的措施，進行第一階段的「進口替代」。整體經濟方面則於1953年實施經建計畫，選定電力、肥料及紡織等三種民生必需產業作為發展重點。

　　在經濟環境漸趨穩定下，工業部門快速發展，但在國內市場趨於飽和下，生產過剩的問題逐漸浮現出來。為鼓勵業者外銷，以尋求更大的發展空間，台灣遂於1955年修改關稅法及貨物稅條例等，除提高進口關稅稅率（平均稅率約為45%）外，並對進口原料加工出口之外銷品，退還其原料進口關稅、貨物稅及防衛捐（自1960年起陸續停徵），首開以租稅的方式促進產業發展的先例。其後，1956年政府再次修正所得稅法，增列對公用事業、工礦業及重要運輸事業，在新設的3年內免徵其營利事業

所得稅的優惠[1]。為鼓勵外銷，政府除提供關稅、貨物稅等租稅減免外，1957年起由台灣銀行辦理出口低利貸款等措施，為台灣的海島外銷式經濟奠定基礎。

　　本階段的產業政策，在經濟重建、進口替代的架構下，重點放在扶植民營公用事業、工礦業及重要運輸事業的建立，政策工具雖以保護、管制為主，租稅獎勵及金融協助等工具亦開始啟用。

二、獎勵投資條例階段（1960-1990年）

　　隨著戰後經濟逐漸復甦，生產力大幅提升，政府鑒於美援即將停止乃急於尋求能獨立自主發展的途徑，故於1960年年初制訂加速經濟發展計畫，提出「十九點財經改革措施」[2]，並指定美援會工業發展投資研究小組負責投資環境的改善工作。在

1　參閱王坤一（1986）。

2　「十九點財經改革措施」內容為：(1)鼓勵儲蓄與節約消費；(2)建立資本市場；(3)改善民間投資環境；(4)扶植民營工業，給予投資者便利與優待；(5)改進投資設廠取得工業用地；(6)簡化出入境手續及修改工業法令；(7)充分利用公營事業及軍事生產單位設備；(8)公用事業費率的合理解決；(9)推行退除役辦法及國防費用維持目前數額；(10)改進租稅制度及稅務行政；(11)改進預算制度並逐步推行績效預算制度；(12)取消軍政費用及公用事業產品價格的變相補貼；(13)調整、取消多種隱藏的津貼福利；(14)加強稽核軍費支出；(15)建立中央銀行信用，並將台銀代理中央銀行部分業務與普通銀行業務嚴加區分，以加強控制銀行信用，穩定經濟；(16)所有辦理存款機構，一律納入銀行系統，受代理央行的台銀控制；(17)嚴格劃分各銀行業務，並避免將短期資金充作長期之用；(18)建立單一匯率制度，放寬貿易管制；及(19)促進出口獎勵。參閱李國鼎、陳木在（1987）。

經過廣徵專家學者和工商企業界人士意見，以及參考世界各國有關獎勵投資的作法後，該小組草擬「改善投資環境條例草案」，而後提交美援會委員會議研議通過[3]，並改稱為「獎勵投資條例草案」，該草案並於1960年9月10日經立法院通過公布實施，成為政府以租稅獎勵協助產業發展的主要法規。

獎勵投資條例訂定的目的在於「獎勵投資、促進經濟成長」，其立法精神乃排除原有法令中阻礙投資發展的限制，放寬各種減免稅捐的尺度、實施資產重估價、便利工業用地取得、運用公營事業協助民營事業發展並逐漸開放民營等，以促進國內產業的投資、誘導外資流入，並鼓勵產品輸出。該條例於1960年經立法院通過，原預計實施10年（第一階段1960-1970年）；在1970年實施屆滿前，行政院賦稅改革委員會進行全面檢討修正後[4]，同意再延長實施10年（第二階段1971-1980年）。第二階段實施屆滿前，由於適逢第二次能源危機，經經建會會同有關機關再次研擬「修訂獎勵投資條例應把握的政策方向與修訂重點」，並決定再延長10年，實施至1990年12月31日止（第三階段1981-1990年）。以下則就該條例各階段獎勵重點摘要如下：

（一）1960年代（出口擴張時期）

　　1945至1959年為的台灣第一次進口替代時期，主要重點發

3　美援於1965年正式停止，美援運用委員會（簡稱美援會）後改組為行政院國際經濟合作發展委員會（簡稱經合會）。

4　行政院賦稅改革委員會於1968年3月30日籌備成立，5月底開始工作，其任務在於就當時賦稅結構及稅務行政通盤加以檢討，以建立健全合理的賦稅制度，支持及促進經濟發展等。

展產業如紡織、水泥、玻璃、食品等民生必需品，這些產業屬所需資金不多、技術不高、建廠時間短且能提供較多就業機會的輕工業。歷經第一階段後，已逐步建立起生產技術與產能，為帶動整體經濟發展，本階段的產業政策係以擴張生產、促進外銷為主。

在租稅獎勵方面，1960年9月10日政府所公布施行的獎勵投資條例，其主要內容包括稅捐減免、工業用地取得及公營事業配合發展等三部分，提供儲蓄、外銷、自有資金累積、固定資本累積、僑外投資、進駐工業區等業者及個人租稅獎勵。該條例所減免的稅目包括營利事業所得稅、綜合所得稅、營業稅、印花稅、契稅、財產稅及關稅減免等；獎勵之方式則包括提供營所稅免徵、納稅限額、保留未分配盈餘、擴充設備減免所得稅、轉投資收入免稅、股票溢價轉公債免稅、證券交易所得免稅、外幣債務兌換損失、特別公債、個人投資抵減、個人二年期以上定期儲蓄存款利息所得免稅等。該條例以租稅減免獎勵產業投資的方式及其基本架構，成為日後各項獎勵措施研擬的參考，而部分獎勵的措施更延續至今日。

本階段擴張生產、促進外銷的措施，除獎勵投資條例所提供的租稅獎勵外，另一項觀察重點為1965年公布「加工出口區之設置管理條例」，該條例藉由專區規劃的方式提供工業設廠生產所需土地，並進一步提供加工出口區內的外銷事業輸入機械設備等免徵進口稅捐、產品或原料等輸出或輸入免徵貨物稅及進駐廠房免契稅等租稅優惠，成功引進國內外廠商進駐加工

出口區從事外銷生產，並成為台灣經濟奇蹟重要的推手[5]。

(二)1970年代(第二次進口替代時期)

為消除公共建設相對落後所形成的經濟發展瓶頸，政府於1971年推動「十大建設」。在產業部分，推動重點為鋼鐵、石化等上游原料工業及造船等重化工業，希望藉以替代依賴進口的產業。另一方面，台灣於1978年與美國斷交，國內經濟在歷經國際經濟環境劇變下，經濟上獨立亦為本階段政策的重心。

在租稅獎勵方面，本階段的獎勵投資條例，除增列重化產業的獎勵外，條文並考量重化產業的投資回收期長，增加「加速折舊」供業者與原有「五、四年免稅」二擇一的優惠；並於1973年能源危機後，增加獎勵節約能源、資源開發及污染防治等措施(包括加速折舊、免稅期間得予遞延等)。對廠商「研究與發展」活動的獎勵，亦自本階段開始(提供包括費用列支、加速折舊、專利權收入免稅等)。

(三)1980年代(經濟自由化時期)

在歷經二次石油危機、勞動成本大幅調升、環境保護爭議及貿易大幅出超，本階段經濟政策主軸為推動經濟自由化、大幅降低進口關稅及減少貿易管制等。在此劇烈環境變遷下，政府在產業政策上則以產業結構調整為重點。政府並依據「市場潛力大、關聯效果大、附加價值高、技術密集度高、能源係數低、污染程度低」的「二大、二高、二低」標準篩選出資訊、

---

5 第一個加工出口區於1965年3月於高雄開始規劃籌建，1966年12月3日正式完成。

電子、機械等產業作為策略性推動的重點，並於1979年7月27日
公布「科學工業園區設置管理條例」，開始規劃設置新竹科學
園區，策略性提供技術層次較高之產業優良的發展環境，帶動
台灣在高科技領域的發展。

　　在租稅獎勵方面，獎勵投資條例條文中開始運用「投資抵
減」的措施，藉以調節景氣循環，並持續放寬投資抵減、保留
盈餘及五(四)年免稅之適用對象等規定。另一方面，配合產業
政策，開始獎勵策略性工業的投資與發展，而科學工業園區設
置管理條例中並提供進駐區內的科學工業，得享有較區外廠商
優惠的租稅減免，包括保稅區進口稅捐減免、增資擴展五年免
稅及15%投資抵減獎勵等，使高科技廠商能享受到更為優惠的租
稅待遇(獎勵投資條例租稅獎勵重點，詳附錄1)。

三、促進產業升級條例階段(1991年起)

　　隨著獎勵投資條例近三十多年的實施，以及其他政府政策
的施行，台灣的經濟發展逐漸受到國際矚目，而該條例實施屆
滿前，其存廢問題則引起熱烈的討論。由經建會、財政部賦稅
改革委員會專案研究小組及其他財政學者等所進行的評估，多
建議將大多數的獎勵項目取消，只保留部分消除稅制不合理的
項目。然而，政府基於產業適應調整等需要，仍於1990年2月7
日提出「促進產業升級條例」草案，送請立法院審議，希望繼
續藉由租稅獎勵政策工具的運用，帶動產業升級，期使台灣在
西元2000年前，透過該獎勵法規的實施，邁入已開發工業化國
家之林。

立法討論過程中，財、經二部強調促進產業升級條例與獎
勵投資條例雖同樣係以租稅獎勵手段，期達成協助產業發展為
目標，但二者仍略有以下的不同之處：

1. 獎勵投資條例是以促進產業投資為獎勵重點，而促進產
業升級條例則是以促進產業升級為目標。

2. 促進產業升級條例簡化獎勵工具，並加強與產業升級有
關的功能性獎勵，以配合產業發展及經濟轉型的需要。

3. 為顧及整體產業的均衡發展，獎勵的適用範圍儘量以「功
能別」取代「產業別」，即儘量減少針對選擇性產業或產品，
而以產業之投資行為為獎勵標的，凡從事於研究與發展、人才
培訓、自動化及國際品牌形象等促進產業升級的功能性行為皆
受同等獎勵。

促進產業升級條例自1990年12月29日公布，並於1991年1月
1日開始實施後，截至目前已實施十多年，以下我們亦以10年為
一階段，分別敘述其獎勵重點：

(一)1990年代(產業升級加速時期)

1990年代可稱為民間企業活力發揮時期，尤其在公共建設
部門，1991年的國家建設六年計畫、1995年的亞太營運中心計
畫多以公共建設為主；1994年12月5日所公布的「獎勵民間參與
交通建設條例」、2000年2月9日所公布的「促進民間參與公共
建設法」，均提供參與交通建設及公共建設之業者5年免稅及投
資抵減等租稅獎勵。

在產業政策方面，除加強推動產業升級、提升研發能力外，
政府並鼓勵企業以台灣作為東亞地區高附加價值產品分工生產

及行銷的中心地點，希望台灣發展為製造中心。為了達到這個目標，本階段除了改善產業環境外，廣設「智慧型工業園區」、推動跨國企業與台灣建立策略聯盟，協助跨國企業在台灣設立營運中心亦是主要的工作重點。

在租稅獎勵工具上，1990年12月29日公布的促進產業升級條例所提供的租稅減免包括功能性設備、研究與發展投資抵減、國外投資損失準備、個人創作發明權利金免稅、個人股東投資取得股票可緩課所得稅、企業合併免稅等，這些優惠均參照獎勵投資條例的精神。在產業別的獎勵方面則略有簡化，以重要科技事業(通訊、資訊消費性電子、半導體等十大新興工業)、重要投資事業及創業投資事業為獎勵重點。由立法委員所提案訂定「提供資源貧瘠地區投資抵減以促進區域均衡發展」之項目，則係參採德國的作法，為促進產業升級條例與獎勵投資條例所提供的獎勵目標中最為創新的項目。此外，國際品牌建立支出的投資抵減，亦首度納入獎勵項目中。

(二)2000迄今(深耕台灣、布局全球時期)

1990年以來，受國內經營成本上漲及台灣加入WTO的影響，部分製造業積極對外投資，其中並以到中國大陸投資者占大多數。2002年，政府推動「挑戰2008國家發展重點計畫」，並將產業政策重點放在全球運籌中心、研發中心、產業高值化及文化創意產業的推動，希望發展台灣成為全球企業前往中國大陸投資的中繼站。

在此國內外之經濟發展情勢變遷下，促進產業升級條例通過延長實施期限10年，並配合1998年全國能源會議結論，將從

事二氧化碳排放減量或提高能源使用效率的投資納入抵減獎
勵,並提高研究與發展及人才培訓投資抵減上限,增加投資於
網際網路及電視功能等的投資抵減項目。為有效促進新興產業
的發展,將產業別的獎勵僅限於新興重要策略性產業適用,取
代重要科技事業、重要投資事業的獎勵,以凸顯產業創新的重
要,同時並提供企業在台灣設立營運總部或物流配銷中心,免
徵營利事業所得稅的獎勵。又為符合WTO規範,刪除建立國際
品牌形象支出之投資抵減的項目等。

　　由於景氣持續低迷,政府為提振投資,2003年2月6日由總
統公布實施的促進產業升級條例修正案,政府擴大提供所有製
造業及其相關技術服務業在2002年1月1日起至2003年12月31日
止之增資擴充或新創立投資,五年免稅的租稅優惠。此外,為
加速寬頻網路的發展,交通部也提案增列第九條之三,提供第
三代行動通信業者新增投資5年免稅的獎勵(促進產業升級條例
歷次修正重點,詳附錄2)。

　　現行政府提供產業的租稅獎勵摘要如表3-1,其中功能性獎
勵包括自動化設備或技術、研究與發展、人才培訓支出投資抵
減等;產業別獎勵則包括新興重要策略性產業的5年免稅(或股
東投資抵減)和科學工業輸入自用之機器設備免徵進口稅捐及
營業稅。其他提供資源貧瘠或發展遲緩鄉鎮地區投資抵減、鼓
勵合併以及鼓勵企業設立營運總部等措施,則歸類至整體投資
環境的改善措施。

表3-1 現行促進產業升級條例獎勵項目

獎勵項目	獎勵內容摘要	政策屬性
設備加速折舊(#5)	購置研究與發展、實驗或品質檢驗用儀器設備及節約能源或利用新及淨潔能源之機器設備，得按2年加速折舊。	功能別
設備投資抵減(#6)	下列支出在5%至20%限度內，抵減應納營利事業所得稅額： 1.自動化設備或技術。 2.資源回收、防治污染設備或技術。 3.利用新及淨潔能源、節約能源及工業用水再利用之設備或技術。 4.溫室氣體排放量減量或提高能源使用效率設備或技術。 5.網際網路及電視功能、企業資源規劃、通訊及電信產品等提升企業數位資訊效能之硬體、軟體及技術。	功能別
研究與發展(#6)	研究與發展支出金額在35%限度內，抵減應納營利事業所得稅額。公司當年度研究與發展支出超過前2年度研發經費平均數者，超過部分得按50%抵減應納營利事業所得稅額。	功能別
人才培訓(#6)	人才培訓支出金額在5%至25%限度內，抵減應納營利事業所得稅額。公司當年度人才培訓支出超過前2年度人才培訓經費平均數者，超過部分得按50%抵減應納營利事業所得稅額。	功能別

獎勵項目	獎勵內容摘要	政策屬性
資源貧瘠或發展遲緩鄉鎮地區投資抵減(#7)	投資資源貧瘠或發展遲緩鄉鎮地區得按投資金額20%範圍內，抵減當年度應納營利事業所得稅額。	整體投資環境
新興重要策略性產業(#8，#9)	原始認股或應募記名股票，持有時間達3年以上者，得選擇股東投資抵減或公司5年免稅(得選定開始免稅期間最長4年)。	產業別
減免關稅、營業稅(#9之1)	科學工業自2002年起由國外輸入自用之機器設備，在國內尚未製造，經專案認定者，免徵進口稅捐及營業稅。	產業別
傳統產業5年免稅(#9之2)	製造業及其相關技術服務業2002年1月起至2003年12月止新投資創立或增資擴展，得5年免徵營利事業所得稅。	整體投資環境
鼓勵創作發明(#11)	自己之創作或發明，依法取得之專利權，提供或出售予中華民國境內公司使用之收入，50%免計入綜合所得額。	整體投資環境
對外投資損失準備(#12)	進行國外投資的公司，得按國外投資總額20%內，提撥國外投資損失準備。	整體投資環境
鼓勵僑外投資(#13，#14)	僑外投資者取得股利或盈餘按20%稅率就源扣繳所得稅，不必辦理結算申報。外國營利事業經理人等境內居留期間合計不超過183天者，境外給與之薪資所得，不視為中華民國來源所得。	整體投資環境

獎勵項目	獎勵內容摘要	政策屬性
鼓勵在台設立物流配銷中心（#14之1）	外國營利事業或其在中華民國境內設立之分公司，自行或委託國內營利事業在中華民國設立物流配銷中心，從事儲存、簡易加工，並交付該外國營利事業之貨物予國內客戶，其所得免徵營利事業所得稅。	整體投資環境
鼓勵合併（#15）	公司為促進合理經營，經經濟部專案核准合併者，得享： 1.相關印花稅、契稅、證券交易稅及營業稅免徵。 2.土地隨同一併移轉時應繳納之土地增值稅准予記存。 3.因合併出售事業所有之工廠用地，新購土地，超過原出售土地地價扣除繳納土地增值稅後之餘額者，得退還土地地價之金額。 4.商譽得於15年內攤銷，產生之費用得於10年內攤銷。	整體投資環境
鼓勵合理經營（#16）	公司為調整事業經營，將其能獨立運作之生產或服務設備及該設備座落之土地轉投資，且持有該投資事業股權40%以上，其轉投資之土地增值稅由公司提供相當擔保並經核准者，得按股權比例予以記存。	整體投資環境

獎勵項目	獎勵內容摘要	政策屬性
配合遷廠 (#17)	公司因配合都市計畫之實施及防治污染等,遷廠於工業區,其原有工廠用地出售或移轉時,應繳之土地增值稅,按其最低級距稅率徵收。	整體投資環境
資產重估增值免稅(#18)	營利事業依所得稅法之規定,辦理資產重估之增值,不作收益課稅。	整體投資環境
股票溢價作為公積免稅(#19)	公司依公司法規定,將發行股票超過票面金額之溢價作為公積時,免予計入當年度營利事業所得額課稅。	整體投資環境
員工分紅配股(#19之1)	為鼓勵員工參與公司經營,公司員工以其紅利轉作服務產業之增資者,其因而取得之新發行記名股票,採面額課徵所得稅。	整體投資環境
研發計畫免營業稅(#20)	營利事業承接政府委託之研究發展計畫,免納營業稅。	整體投資環境
買賣公司債及金融債券免稅(#20之1)	為活絡債券市場交易,協助企業籌措資金,凡買賣公司債及金融債券,免徵證券交易稅。	整體投資環境
鼓勵設立營運總部(#70之1)	在國內設立達一定規模且具重大經濟效益之營運總部,下列所得免徵營利事業所得稅: 1.對國外關係企業提供管理服務或研究開發之所得。 2.自國外關係企業獲取之權利金所得。 3.投資國外關係企業取得之投資收益及處分利益。	整體投資環境

註:(#)內數字為所屬法規的條次。
資料來源:全國法規資料庫。

第二節　現行產業租稅獎勵的規定

　　台灣現行的租稅獎勵措施，針對產業所提供的獎勵主要係規定於促進產業升級條例中，而其他非稅法的法規中，亦存在有不少的租稅獎勵措施。例如，中小企業發展條例、農業發展條例、促進民間參與公共建設條例等等。以下本節將先就企業基本賦稅環境作概要介紹，再分別以農業、工業及服務業等部門，歸納各產業發展相關法令中所提供的租稅優惠措施。至於近來稅法中所提供的重要租稅獎勵措施，本節也將作摘要性介紹。

一、企業基本賦稅環境

　　目前台灣基本的稅賦包括國稅(關稅、礦區稅、所得稅、遺產及贈與稅、貨物稅、證券交易稅、期貨交易稅、營業稅、菸酒稅)與地方稅(印花稅、使用牌照稅、地價稅、土地增值稅、房屋稅、契稅、娛樂稅、田賦)。

　　在所得稅方面，個人所得稅稅率為6%至40%，營利事業所得稅稅率為0%至25%[6]。營業稅方面，一般製造業之營業稅率為5%。銀行業、保險業、信託投資業、證券業、期貨業、票券業

6　營利事業全年課稅所得額在五萬元以下者，免徵營利事業所得稅。營利事業全年課稅所得額在十萬元以下者，就其全部課稅所得額課徵百分之十五，但其應納稅額不得超過五萬元以上部分之半數；超過十萬元以上者，就其超過額課徵百分之二十五。

及典當業之營業稅率為2%。小規模營業人及其他經財政部規定
免予申報銷售額之營業人的營業稅率為1%。

二、農業相關的租稅獎勵措施

　　台灣在經濟發展初期，農業占相當重要的地位，加上農業
生產具有國家糧食安全考量，政府對於農業發展向來均投注相
當的關注，目前農業主管機關為農委會，而農業部門的行業包
括農、林、漁、牧等項。由於農業主要生產單位為個別農民、
漁民等，這與其他工業及服務業以企業為主體不同，故在租稅
課徵上，農業部門多以課徵綜合所得稅的農民為主，這與工業
與服務業以課徵營利事業所得稅為主不同。因此，促進產業升
級條例或中小企業發展條例所提供的租稅獎勵雖適用所有農
業、工業、服務業的企業，可是由於農業部門以企業組織型態
從事生產的較少，所以農業部門適用的情形並不多。

　　針對農業部門的產業特性，1973年9月3日公布實施農業發
展條例，除訂有確保農地環境、供給低價用電、動力用油與用
水及賦予主管機關維持產銷平衡權等協助農業發展措施的規定
外，目前提供農業的相關租稅獎勵措施有(1)農用土地移轉時免
徵土地增值稅或免徵遺產稅、贈與稅；(2)家庭農場為擴大經營
面積免徵田賦五年；(3)農民或農民團體辦理共同供銷、運銷免
徵印花稅及營業稅；及(4)農民出售本身所生產之農產品，免徵
印花稅及營業稅。

　　此外，為確立農產品運銷秩序，調節供需，促進公平交易，
農委會並訂有農產品市場交易法。該法於1982年9月1日開始施

行，提供農民團體共同運銷的集貨場、批發市場，減半徵收房屋稅、地價稅或田賦；農產品共同運銷，出售農產品，免徵印花稅及營業稅等優惠。針對與農民息息相關的農會與漁會，農會法、漁會法中亦提供相關的租稅獎勵（參閱表3-2）。

表3-2　農業租稅獎勵措施

行業別	法條名稱	獎勵內容摘要
農林漁牧	農會法	第 4 條(農會免稅參照農發條例及合作社法)。
	漁會法	第 4 條(漁會免稅參照農發條例及合作社法)。
	合作社法	第 7 條(免所得稅及營業稅)合作社得免徵所得稅及營業稅。
	農產品市場交易法	第 10 條(農民團體共同運銷之集貨場用地稅減免)。 第 11 條(共同運銷出售產品免稅)。 第 17 條(農產品批發市場之土地及房屋減免)。 第 24 條(農產品批發市場代出售產品免稅)。
	農業發展條例	第 37、38 條(農地移轉免土地增值稅、遺產稅、贈與稅)。 第 41 條(擴增農地免田賦)。 第 46 條(共同供銷出售產品免印花稅、營業稅)。 第 47 條(農民出售本身生產農產品免印花稅及營業稅)。
	漁業法	第 59 條(漁業動力用油免徵貨物稅)。

　　由於多數的農業係以個人的形態存在，不必繳交營利事業所得稅，故目前政府為協助農業發展所訂定的租稅減免多以產品為對象。例如，農產品免徵印花稅、營業稅，或獎勵產銷通路形成。

三、工業相關的租稅獎勵措施

　　依據經濟部統計處的分類，工業係包括製造業、礦業、燃氣業及房屋建築業等行業，針對上開不同的行業，政府亦提供相關的租稅獎勵。至於中小企業雖然是以所有產業的中小企業為主，但因其受獎勵對象偏向工業中的製造業，故本文將其納入製造業中討論。針對工業部門的租稅獎勵措施，詳表3-3。

(一)礦業

　　礦業屬特許行業，依據礦業法規定，從事礦業開採應予以課徵礦區稅。在租稅獎勵部分，海域石油礦探採條例規定，海域石油礦由經濟部設定國營礦業權，經營石油礦者不必繳交礦區稅，但每年應繳交淨生產量10%至13%的礦產稅，該條例並提供機器、設備及材料免徵進口稅捐及前5年的虧損得予以扣除的獎勵，並有納稅限額50%的規定。

(二)製造業

　　現行針對製造業的租稅獎勵，多已規範於促進產業升級條例中。針對中小企業，中小企業發展條例另提供5項租稅優惠措施，其中保留盈餘一項已回歸所得稅法規定，故獎勵項目僅包括(1)工業區土地作價投資於中小企業者，土地增值稅得分5年平均繳納；(2)中小企業遷廠於工業區等，土地增值稅按最低

表3-3　工業租稅獎勵措施

業別	法條名稱	獎勵內容摘要
中小企業	中小企業發展條例	第33條(土地作價投資得分期繳土增稅)。 第34條(配合遷廠土地增值稅,按其最低級距稅率徵收)。 第35條(研究與發展費用准當年度減除、加速折舊)。 第36條(可超額保留盈餘,惟1998年度以後不適用)。 第36條之1(中小企業開發公司投資損失準備)。
礦業及土石採取業	海域石油礦探採條例	第8條(免礦區稅、定額納稅)。 第10條(虧損扣除):依本條例經營石油礦者,得自當年所得額中扣除前5年之虧損。
製造業	科學工業園區設置管理條例	第20條(免進口稅捐、貨物稅及營業稅)。
	加工出口區設置管理條例	第13條(免進口稅捐、貨物稅及營業稅)。 第14條(轉運業10%納稅限額)。
	自由貿易港區設置管理條例	第21條(免進口稅捐、貨物稅及營業稅)。 地26條(銷售至港區貨物免營業稅)。
水電燃氣業	能源管理法	第7條(加速折舊)。
營造業	新市鎮開發條例	第10條(用地免地價稅)。 第14條(20%投資抵減、加速折舊、施工期免地價稅)。 第24條(特定產業投資抵減、重購退稅)。 第25條(房屋稅、地價稅及買賣契稅初期減免)。
	都市更新條例	第46條(用地減免稅)。 第47條(土地信託免土增稅、贈與稅)。 第49條(都市更新事業20%投資抵減)。

級距稅率徵收；(3)研究與發展、實驗費用得於當年減除，儀器設備得加速折舊；及(4)中小企業開發公司投資中小企業提撥投資損失準備等四大項。不過，上開規定均已包括於促進產業升級條例的規定中，並多屬租稅遞延的規定，對產業或對稅收的影響相對較促進產業升級條例為小。

此外，科學工業園區設置管理條例、加工出口區設置管理條例，亦提供製造業在區位選擇上的獎勵，包括進駐各該園區的廠商自國外輸入自用機器、設備，免徵進口稅捐、貨物稅及營業稅；園區事業以產品或勞務外銷者，其營業稅稅率為零，並免徵貨物稅[7]。該二條例雖以地區為規範，但因可進駐該二區的產業除加工出口區有物流業等服務業外，多以製造業廠商為主，農業及大部分的服務業較不適用此獎勵。

2003年7月23日所公布的自由貿易港區設置管理條例，亦屬區位選擇的獎勵。該條例提供自由貿易港區境內關外的稅捐優惠，包括：(1)港區事業自國外運入自由港區內供營運之貨物，免徵關稅、貨物稅、營業稅、菸酒稅、菸品健康福利捐、推廣貿易服務費及商港服務費；(2)事業自國外運入自由港區內之自用機器、設備，免徵關稅、貨物稅、營業稅、推廣貿易服務費及商港服務費；及(3)課稅區或保稅區之營業人銷售至自由港區事業供營運之貨物，其營業稅稅率為零。

---

7 加工出口區中另給予區內事業從事轉運業務者，得按其轉運業務收入的百分之十為營利事業所得額，課徵營利事業所得稅的優惠。

(三)水電燃氣業

　　水電燃氣業原屬國營事業，在自由化趨勢下，已逐漸朝民營特許方向調整。現行與該行業有關的法令包括能源管理法、石油管理法、民營公用事業監督條例、電業法等，上開相關法令中僅能源管理法提供能源供應事業設置儲存設備，得按2年列報折舊屬租稅優惠性質外，其他多以管理或管制為主，獎勵部分則回歸促進產業升級條例中給予投入節約能源廠商等投資抵減的優惠。

(四)房屋建築業

　　目前房屋建築業的主管機關為內政部，除促進產業升級條例外，未見針對該行業提供的租稅優惠。不過，該行業如進駐特定地區投資或投資都市更新，則有稅捐上的優惠，相關的優惠係規定於新市鎮開發條例與都市更新條例中。新市鎮開發條例提供股份有限公司投資於新市鎮建設，得享20%投資抵減、機器設備縮短1/2年限計算折舊，及施工期間免徵地價稅的租稅優惠。另投資於有利新市鎮發展的產業，亦得享有20%投資抵減及土地重購退還增值稅的優惠。都市更新條例則提供股份有限公司組織的都市更新事業機構投資於經主管機關劃定應實施都市更新地區的都市更新事業，得享20%投資抵減的優惠。

四、服務業相關的租稅獎勵措施

　　依據主計處行業標準分類，將所有的產業扣除農業及工業後，剩下的批發零售、住宿餐飲、運輸倉儲及通信等業可歸納為服務業。由於服務業所涉及的業別相當廣泛，故部分服務業在政府部門的權責分工並不甚清楚，目前各目的事業主管機關為促進

各該產業發展所定的租稅獎勵法規情形如下(參閱表3-4):

表3-4 服務業的租稅獎勵措施

行業別	法條名稱	獎勵內容摘要
觀光業	發展觀光條例	第 49 條(觀光遊樂、旅館業租稅優惠參照促參法)。 第 50 條(宣導推廣支出 10%至 20%投資抵減)。
運輸、倉儲及通信業	促進民間參與公共建設法	第 36 條(參與重大公共建設 5 年免稅)。 第 37 條(設備、研究與發展、人才培訓支出 5%至 20%投資抵減)。 第 38 條(進口機器、設備等免關稅)。 第 39 條(興建或營運期間,供其直接使用的用地免稅)。 第 40 條(營利事業投資,股東 20%投資抵減)。
	獎勵民間參與交通建設條例	第 28 條(參與交通建設民間機構 5 年免稅)。 第 29 條(設備、技術、研究與發展、人才培訓支出等 5%至 20%投資抵減)。 第 30 條(進口機器、設備免關稅)。 第 31 條(興建或營運期間,供其直接使用用地免稅)。 第 33 條(個人或營利事業股東 20%投資抵減)。

行業別	法條名稱	獎勵內容摘要
金融及保險業	國際金融業務條例	第 13 條(國際金融業務分行的所得免稅)。 第 14 條(銷售額免徵營業稅)。 第 15 條(免印花稅)。 第 16 條(利息免扣繳)。
	金融機構合併法	第 17 條(合併獎勵:印花稅及契稅免徵、土地增值稅准予記存、商譽得於 5 年內攤銷、費用得於 10 年內攤銷;不良債權所受的損失,得於 15 年內認列)。
	合作社法	第 7 條(免所得稅及營業稅)。
醫療及社福業	促進醫療服務業發展條例	第 4 條(專供研究與發展等設備加速折舊)。 第 5 條(購置自動化、防治醫療污染的設備、技術、研究與發展支出等,5%至 20% 投資抵減)。 第 6 條(資源貧瘠地區 20%投資抵減)。
文化教育服務業(含電影事業)	私立學校法	第 50 條(對私立學校捐贈依所得稅法、遺產及贈與稅法之規定免稅)。 第 52 條(土地賦稅及房屋稅之減免依有關稅法之規定辦理)。 第 53 條(進口圖書、儀器等依關稅法之規定免稅結匯進口)。
	文化藝術獎助條例	第 26 條(文教機構用地免稅)。 第 27 條(捐贈文教機構視同捐贈政府)。 第 29 條(古蹟免地價稅及房屋稅)。 第 30 條(文化藝術事業減免營業稅及娛樂稅)。

(一)批發零售業

目前批發零售的主管機關為經濟部商業司，除促進產業升級條例外，針對批發零售，商業司並未訂有其他促進該產業發展的租稅獎勵條文。

(二)住宿餐飲業

目前住宿餐飲的主管機關為交通部，發展觀光條例規定民間機構經營觀光遊樂業、觀光旅館業的租稅優惠，依促進民間參與公共建設法規定辦理。另外，規定為加強國際觀光宣傳推廣，公司組織的觀光產業，其配合政府參與國際宣傳推廣的費用、配合政府參加國際觀光組織與旅遊展覽的費用及配合政府推廣會議旅遊的費用，享有10%至20%的投資抵減。

(三)運輸倉儲及通信等業

運輸倉儲及通信等業主要的主管機關為交通部，促進民間參與公共建設法中提供民間機構得自所參與重大公共建設有課稅所得年度起享五年免稅；設備、技術、研究與發展及人才培訓支出，在5%至20%限度內投資抵減；進口供興建重大公共建設使用國內無產製的營建機器、設備，免徵進口關稅；興建或營運期間，供其直接使用的不動產應課徵的地價稅、房屋稅及取得時應課徵的契稅，得予適當減免；股東享有20%的投資抵減優惠。

(四)金融及保險業

金融及保險業為特許行業，其目的事業主管機關為財政部。目前與該行業有關的法規中，僅國際金融業務條例中規定有提供國際金融業務分行的所得，免徵營利事業所得稅、營業

稅及印花稅；國際金融業務分行支付金融機構、中華民國境外
個人、法人或政府機關利息時，享有免予扣繳所得稅的優惠。

　　此外，「金融機構合併法」中規定，金融機構合併得享有
印花稅、契稅、土地增值稅准予記存及商譽費用攤銷等的優惠，
此與促進產業升級條例所提供的合併獎勵相近，僅「因合併出
售不良債權所受的損失，得於十五年內認列損失」一項是促進
產業升級條例所沒有的優惠。

(五)不動產及租賃業

　　為管理不動產經紀業，內政部制訂有不動產經紀業管理條
例，以促進不動產交易市場健全發展，建立不動產交易秩序，
保障交易者權益。惟並未對此等產業提供租稅獎勵。

(六)專業、科學及技術服務業

　　此類行業多屬執行業務者，包括指律師、會計師、建築師、
技師、醫師、藥師等以技藝自力營生者，由於從事該等行業者
多屬課徵個人，故目前以課徵個人綜合所得稅為主，稅捐上並
不以行業來認定並給予獎勵。惟針對技術服務業，諸如資料處
理及資訊供應服務業、研究與發展服務業等與製造業相關的技
術服務業，目前的主管機關為經濟部，故稅捐減免多已納入促
進產業升級條例中規定。

(七)教育服務業

　　教育服務業的主要構成為各級學校與相關教育服務業，由
於所得稅法已提供教育、文化、公益、慈善機關或團體符合相
關規定者，免納所得稅的優惠，使其在租稅負擔上較其他產業
為低，相關法規中未再提供進一步的租稅獎勵。

(八)醫療保健及社會福利業

促進醫療服務業發展條例提供醫療服務業加速折舊、機械設備或技術、研究與發展、人才培訓支出的投資抵減租稅獎勵，與促進產業升級條例的規定相似。另為促進醫療資源區域均衡分佈與發展，該條例亦提供於醫療資源缺乏或發展遲緩的地區20%的投資抵減優惠。至於社會救助機構的獎勵則多以書面嘉獎、發給獎狀、獎牌或獎金方式提供，未再提供進一步租稅獎勵措施。

(九)文化運動及休閒服務業

本項服務業中出版業、電影業、廣播電視業、藝文及運動服務業等，因所得稅法已提供教育、文化、公益、慈善機關或團體符合相關規定者，免納所得稅的優惠，故本項產業的租稅優惠亦較少再被提出。

(十)其他服務業及公共行政業

其他未分類的服務業包括洗衣業、理髮與美容業、殯葬服務業等，其主管機關多為內政部，惟相關獎勵的作法並未被凸顯。一般公共行政業亦是屬於免徵營所稅的對象。

此外，為配合「挑戰2008國家發展重點計畫」文化創意產業的推動重點，經濟部正研擬「文化創意產業發展條例」（草案），希望藉由租稅獎勵等措施，協助該等產業的發展。由於文化創意產業的產業活動內容涉及製造業與服務業部分，所涉權責機關可能包括經濟部、文建會及新聞局等部會，政府應儘速予以確定，使協助產業發展的工作得以順利推展。

五、其他稅法上重要的租稅獎勵措施

近年來在稅法上的租稅獎勵措施，約可包括下列幾項影響較為重大者：

（一）實施兩稅合一

為建立低稅負及無障礙的投資環境，台灣在參考國際租稅潮流與發展趨勢後，著手推動兩稅合一所得稅制度，並在國際租稅調和、消除股利所得重複課稅及建立合理所得稅環境等考量下，決定採行設算扣抵制。1997年所得稅法部分條文修正通過後，兩稅合一制度從1998年起正式啟動。

兩稅合一的設算扣抵制度下，營利事業階段繳納的營利事業所得稅，可併同盈餘分配給個人股東扣抵其應納的綜合所得稅，故營利事業所得稅形同股利所得的扣繳稅款，股利所得只在個人階段負擔一次綜合所得稅，個人股東取得股利所得所需繳交的最高稅負由原先的55%降為40% [8]，將使投資的所得稅負大幅減輕，有助於投資意願的提高。

兩稅合一後，有人主張租稅優惠措施沒有存在的必要，因為兩稅合一的制度下營利事業所得稅已不復存在，企業享受營所稅租稅減免時，只是提前免稅，企業主或股東的投資所得實

8　營所稅最高稅率為25%，個人所得稅最高稅率為40%，無兩稅合一時，個人股東投資企業所得可能繳交之最高稅率為55%(例如，企業獲利100元，繳交最高營所稅25元後，75元可分配給股東，以股東繳交最高40%的個人所得稅稅率計算，該投資股利應再繳交30元的個人所得稅，故該股利共計繳交55元的稅捐)。兩稅合一下，個人股東可能繳交的最高稅率為40%。

際稅率，即為其適用的綜所稅稅率，故主張取消促進產業升級條例等企業免稅的獎勵措施，並可降低稅制複雜性。不過政府部門仍認為，兩稅合一下，5年免徵營所稅對高科技事業而言仍具有增加其可運用資金、減少利息支出、降低資金成本的效果；而對於投資人而言，亦將因企業階段的利息支出減少、利潤增加而創造較高的投資報酬，故租稅獎勵對於企業仍具申請誘因。因此，1999年促進產業升級條例全面修正後，政府仍持續運用相關租稅的獎勵措施。

(二)金融業營業稅減免

為配合發展台灣成為亞太金融中心及維護資本市場穩定的目標，1999年營業稅法公布修正後，自當年7月1日起，銀行業、保險業等經營專屬本業銷售額所適用的營業稅稅率，已由5%調降為2%，政府希望能藉此讓銀行打消呆帳，進而強化金融機構體質，提昇金融業的國際競爭能力。

此外，為因應亞洲金融風暴以來全球性景氣低迷的衝擊，並參考實施加值稅的國家，大多對銀行、保險業等的主要金融勞務及保險勞務免徵加值稅，因此2001年7月公布實施的增修營業稅法部分條文，乃明定自2002年1月起至2005年的4年期間，金融業營業稅稅款專款撥供行政院金融重建基金財源，以迅速有效處理經營不善金融機構問題；此外，並配合2005年行政院金融重建基金的設置，再修正營業稅法的規定，將2002年至2010年之9年期間的營業稅稅款撥入該基金運用。

(三)土地增值稅減半徵收

為刺激不動產的景氣，2001年所召開的經濟發展諮詢委員會

議財金分組，提議將土增稅減半課稅2年，這項多數決議雖不是共同決議，行政部門在經過評估後，將土地稅法修正案送請立法院通過修正，於2002年1月30日公布，並追溯至1月17日起實施2年。

　　另為落實財政改革、提振房地產市場景氣等因素，財政部另依據「財政改革方案」[9]，擬具土地稅法修正草案，2004年1月公布延長土增稅減半課稅1年至2005年1月17日。2005年1月30日再公布修正土地稅法，將土地增值稅的稅率，全面由40%~60%降為20%~40%。

(四)各縣市吸引投資之租稅優惠

　　為吸引企業前往投資，目前各縣市政府亦積極訂定相關租稅減免法規，希望促進地方繁榮與創造就業。例如，桃園縣政府為能有效促進該縣經濟發展及創造縣民就業機會，制訂「桃園縣獎勵投資補助地價稅房屋稅自治條例」，針對於該縣境內新設或增設新興重要策略性產業及國際觀光旅館之投資人，於投資設廠前兩年對地價稅及房屋稅予以全額補助；第三年到第五年則予以補助50%的獎勵。此外，彰化縣政府為推動擴大民間參與公共建設，吸引民間投資、刺激景氣、增加就業機會，亦於2003年擬訂「彰化縣民間機構參與重大公共建設減免地價稅房屋稅及契稅自治條例」，提供進一步的租稅優惠。

第三節　台灣提供產業租稅獎勵的特色與趨勢

　　在前面二節中，我們分別介紹台灣產業相關租稅獎勵的沿

9　行政院於2003年4月22日核准備查。

革及現行的租稅獎勵措施，發現現行台灣針對產業別的租稅減免法規，除促進產業升級條例已明文規定的相關租稅獎勵措施外，基於個別產業特性的不同及適用課稅稅率的不同，各目的事業主管機關對於個別產業仍會提供進一步的租稅減免，而地方政府亦會針對促進地方經濟繁榮的需要，制訂地方稅減免的措施。我們可以整理出台灣政府為促進產業發展，提供產業的租稅獎勵約有下列幾項重點：

　　1. 鼓勵設備更新及技術現代化（包括自動化、電子化機械設備或技術）。

　　2. 鼓勵環境保護投入（包括污染防治、資源回收再利用等機械設備或技術）。

　　3. 鼓勵節約能源。

　　4. 鼓勵研究與發展及人才培訓投入。

　　5. 鼓勵往策略性產業投資。例如，新興重要策略性產業。

　　6. 鼓勵併購。

　　7. 鼓勵根留台灣，全球佈局。例如，設置營運總部獎勵。

　　8. 鼓勵往資源貧瘠地區或特定地區投資。

　　9. 鼓勵反景氣循環的投資與交易。包括製造業五年免稅、土增稅減半徵收。

　　10. 鼓勵民間參與公共建設。

　　11. 鼓勵對外投資及僑外投資。

　　12. 稅制障礙的消除。例如，物流配銷中心的租稅減免。

　　由歷年產業租稅獎勵重點等相關資料（表3-5），可以歸納出台灣提供產業租稅的特色與趨勢為「獎勵範圍逐漸擴大」、「由

重視工業逐漸轉向考量服務業的需要」、「逐漸由重視資本累積轉為重視附加價值的提升」、「獎勵對象由大型企業逐漸重視小企業」及「逐漸重視整體租稅環境的改善」。茲將此等特色分述如下。

表3-5　歷年產業租稅獎勵重點

1960~1970 年	1971~1980 年	1981~1990 年	1991~1999 年	2000~2009 年
出口擴張期	第二次進口替代期	經濟自由化時期	產業升級加速期	深耕台灣布局全球
獎勵投資（1960）	獎勵投資	獎勵投資	獎勵投資	獎勵投資
鼓勵儲蓄（1960）	鼓勵儲蓄	鼓勵儲蓄	（鼓勵儲蓄）*	（鼓勵儲蓄）*
促進外銷（1960）	促進外銷	促進外銷	×	×
資本大眾化（1965）	資本大眾化	資本大眾化	×	×
鼓勵合併（1965）	鼓勵合併	鼓勵合併	鼓勵合併	鼓勵合併
	加速設備更新（1971）	加速設備更新	×	×
	節約能源（1977）	節約能源	節約能源	節約能源
	防治污染（1977）	防治污染	防治污染	防治污染
	研究發展（1977）	研究與發展	研究與發展	研究與發展
	國際資源的開發與取得（1979）	國際資源的開發與取得	×	×
	配合發展國防工業(1979)	配合發展國防工業	×	×
		因應景氣循環（1981）	×	因應景氣循環（2003）
		創業性投資（1984）	創業性投資	×
		國際行銷(大貿易商)(1984)	×	×
		策略性工業（1984）	×	×

1960~1970 年	1971~1980 年	1981~1990 年	1991~1999 年	2000~2009 年
			重要科技事業 (1991)	×
			重要投資事業 (1991)	×
			生產自動化 (1991)	生產自動化
			人才培訓 (1991)	人才培訓
			國際品牌形象 建立(1991)	×
			平衡區域發展 (1991)	平衡區域發展
			策略性遷廠 (1991)	策略性遷廠
			鼓勵僑外人投 資(1991)	鼓勵僑外人投 資
				新興重要策略 性產業(2000)
				利用新及淨潔 能源(2000)
				工業用水再利 用(2000)
				溫室氣體排放 減量(2000)
				提升企業數位 資訊效能(2002)
				設立物流配銷 中心(2002)
				設立營運總部 (2002)
				員工參與經營 (2002)
				活絡債券市場 交易(2002)

註：( )內數字表示措施開始實施的年份；＊表示該措施已移至所得稅法
　　中規定。×表示已無相同的規定。
資料來源：本研究更新自孫克難(2002)。

一、獎勵範圍逐漸擴大

(一)獎勵目標

　　就獎勵目標觀察，1960年代租稅獎勵重點為鼓勵投資、儲蓄、外銷等項目；1970年代逐漸加入鼓勵節約能源、污染防治、鼓勵研究與發展等企業具外部效益的投資；1980年代則陸續加入策略性工業發展的引導、創業性投資的獎勵；1990年代更增加人才培訓、國際品牌建立、電子化等功能性提升的獎勵；2000年起則因應企業全球佈局的趨勢，將在台灣設立營運總部及吸引國際物流配銷中心等目標，作為獎勵重點。以上這些獎勵目標中，除國際品牌建立係因應加入WTO而刪除、部分係回歸相關稅法中規定(保留盈餘)，其餘的獎勵目標則是在既有的基礎上，隨著經濟環境的變遷加入新的獎勵目標，使獎勵的範圍愈加擴大。

(二)獎勵方式

　　獎勵投資條例與促進產業升級條例對企業所提供的獎勵方式亦趨多樣化，從所得稅、營業稅、證所稅、印花稅、契稅、土地增值稅等各項稅目中提供各式各樣的減免，包括免稅、提列損失準備、記存、加速折舊、保留盈餘及分期繳納等，給予直接及間接的稅收減免方式。不過，由於部分獎勵方式在兩稅合一後已取消運用(例如，增資緩課、超額盈餘保留)或併入其他稅法中規定，獎勵的方式逐漸有減少的趨勢。

(三)獎勵對象

　　在獎勵對象方面，亦隨獎勵方式、獎勵目標的擴大而增加。

例如，1960年代獎勵的重點係限於合於獎勵類目標準的生產事業，得享五年免稅的優惠，惟1970年起陸續增加工礦業、策略性工業及重要生產事業等，分別得享有遞延免稅期間、股東投資抵減或超額盈餘保留等優惠，必須由政府相關部會個別另行公布適用範圍，造成適用上的困難與不便，而政府部門在訂定適用範圍時，也增加許多的行政成本。為改善上述適用上不便等問題，促進產業升級條例於訂定時，將產業別獎勵整併為符合重要投資事業、重要科技事業及重要事業者，均享股東投資抵減或五年免稅二擇一，以及免稅期間遞延的優惠項目。此外，部分獎勵措施如設備投資抵減、加速折舊等，原僅限於股份有限公司的生產事業，為避免扭曲企業對於組織型態的選擇，促進產業升級條例於訂定時，已將適用租稅獎勵的條件放寬為所有依公司法成立的公司組織均得適用。

曾巨威（2002）指出，如就減免稅規定的法律條次變動數目觀察，則1970年代之前，台灣出現減免稅法律條次變動的數目相對較少，通常在3至7條次之間，但1970年代以後，變動的條次數目便漸次增加。1971至1980年間涉及減免稅的法律變動有10條次，1981至1990年亦有10條次，到了1991至2000年，則突然增加到24條次之多，政府各機關似乎對租稅減免的工具使用有愈來愈依賴的傾向。

租稅減免的項目愈來愈多且易放難收，一般認為，民主政治的選舉制度是非常重要的影響因素。政治人物基於選民與選票的考量，往往傾向以租稅減免的方式獲取選民的支持。在此情勢下，自然也就少有政治人物主張增加稅收或提出消減免稅

的提案，致使獎勵的範圍勢必愈來愈大，亦造成國庫的負擔加
重。

　　針對獎勵範圍不斷擴大，造成財政負擔的問題，日前政府
已依行政院財政改革委員會所提建議，為避免稅式支出持續擴
張，對政府財政造成不良影響，並考量整體經濟發展，參考預
算法第三十四條關於重大施政計畫應先提出選擇性方案及替代
方案的成本─效益分析報告的精神，建立稅式支出評估機制。
在未來，主管機關所提任何產業租稅獎勵措施，均需分析其稅
收損失、效益及相對財源，稅式支出範圍擴大將事先受到更多
的評估，這將使政府運用租稅獎勵受到一定的限制[10]。

二、由重視工業逐漸轉向重視服務業的需要

(一)獎勵投資條例的規定

　　獎勵投資條例一般適用對象為生產事業，1960年代生產事
業所定義的範圍為：農業係包括所有的農、林、漁、牧業；工
業則包括礦業、製造業、手工藝業；至於服務業部分，1960年
代僅包括運輸業、公用事業、觀光旅館業、國民住宅營造業等，
至1980年代時才逐漸納入技術服務業、倉庫業、重機械營造業、
公共設施興闢業(表3-6)。由上開租稅獎勵的主要項目可以發
現，農業與工業因為是「生產事業」，可以外銷創匯或有大型

10　行政院於2003年7月正式訂定「稅式支出評估作業應注意事項」，未
　　來每年租稅減免金額達5,000萬元以上的租稅減免法規，應會同財政
　　部及主計處等單位進行效益評估及籌措財源，未超過5,000萬元者，
　　亦需再送請財政部評估。

表3-6　獎勵投資條例的生產事業範圍沿革

	1960 年 9 月 10 日	1965 年 1 月 4 日	1970 年 12 月 30 日	1980 年 12 月 30 日	1984 年 12 月 30 日	1987 年 1 月 26 日
農業	1.農業 2.林業 3.漁業 4.畜牧業	1.農業 2.林業 3.漁業 4.畜牧業	1.農業 2.林業 3.漁業 4.畜牧業	1.農業 2.林業 3.漁業 4.畜牧業	1.農業 2.林業 3.漁業 4.畜牧業	1.農業 2.林業 3.漁業 4.畜牧業
工業	5.礦業 6.製造業 7.手工藝業	5.礦業 6.製造業 7.手工藝業	5.礦業 6.製造業 7.手工藝業	5.礦業 6.製造業 7.手工藝業	5.礦業 6.製造業 7.手工藝業	5.礦業 6.製造業 7.手工藝業
服務業	8.運輸業 9.公用事業 10.觀光旅館業 11.國民住宅營造業	8.運輸業 9.公用事業 10.觀光旅館業 11.國民住宅營造業 12.技術服務業	8.運輸業 9.公用事業 10.倉庫業 11.觀光旅館業 12.國民住宅興建業 13.技術服務業 14.重機械營造業	8.運輸業 9.公用事業 10.倉庫業 11.旅館業 12.國民住宅興建業 13.技術服務業 14.重機械營造業	8.運輸業 9.公共事業 10.倉庫業 11.旅館業 12.國民住宅興建業 13.技術服務業 14.重機械營造業 15.公共設施興闢業	8.運輸業 9.公用事業 10.倉庫業 11.旅館業 12.國民住宅興建業 13.技術服務業 14.重機械營造業 15.公共設施興闢業

註：獎勵投資條例規定的工業係指製造業、手工藝業、運輸業、倉庫業、
　　公用事業，茲配合現行主計處的行業標準分類，將運輸業、倉庫業、
　　公用事業歸為服務業。
資料來源：全國法規資料庫。

的機械設備投資,故在經濟發展初期階段極受到重視;服務業
在一般印象中,屬周邊的服務產業較不具生產性,故在經濟發
展初期,只有部分項目(例如,配合公共建設的需要者),才受
到政府的重視。

在針對特定產業別的適用標準方面,獎勵投資條例共提供
「重要生產事業」、「工礦業或事業創立或擴充」、「特定生
產事業合併」、「策略性工業」等特定產業或活動的獎勵,其
中「重要生產事業」可享22%納稅限額,較其他生產事業的25%
更為優惠,範圍中未見工業以外的農業及服務業;另1970年起
給予工礦業及事業投資抵減及進口國內無產製機械設備免進口
稅捐的優惠,適用範圍亦僅限於工礦業。適用合併獎勵的生產
事業中,除運輸業外亦未見其他服務業(表3-7)。

表3-7 重要生產事業及獎勵合併生產事業的獎勵適用範圍及標準

獎勵業別	適用範圍及標準
重要生產事業獎勵適用範圍及標準	
基本金屬製造	鋼鐵工業、鋁工業、銅工業,且應達年產量標準以上者。
重機械工業	機器設備製造工業、重電機工業、造船工業,且實收資本額3億元、機器設備購置2億元以上者。
石油化學工業	(同生產事業獎勵類目及標準)。
資本密集工業	製造業、電力經營事業、國際航空及國際輪船運輸事業,實收資本額5億元、機器設備購置2億元以上者。
技術密集工業	電子工業、機械工業(含精密工具機)、其他(含鐘錶、儀表、鋁合金)。

獎勵業別	適用範圍及標準
獎勵合併的生產事業種類	
食品工業	冷凍食品、蔬菜罐頭食品、脫水食品鹽漬蜜餞、米加工品、肉類加工品、水產類加工製品、茶葉。
木材工業	人造木板、夾板、膠合板、家具。
造紙工業	紙及紙板。
橡膠工業	橡膠輪胎。
化學工業	合成纖維原料、塑膠原料、塑膠加工品、酸鹼、接著劑。
非金屬礦物製品工業	大理石或蛇紋石加工製品、玻璃製品。
基本金屬製造工業	鑄鋼及鑄鐵製品、鋼筋、金屬空罐。
機器製造工業	工作母機、壓縮機、幫浦、紡織機械、農業機械、縫紉機、工具。
電工器材製造工業	電線、電纜、電扇、電動機、電力用變壓器、各式開關及配電盤、配線器材、乾電池及即用電池、日光燈及附屬設備、電視機、半導體及積體電路、錄音機、錄影機、電子器材、電子儀器、電子錶。
運輸工具製造業工業	機動車輛及重要配件(包括機器腳踏車)。
藥品及醫療器材製造工業	各種藥品及醫療器材。
陶瓷工業	高壓電磁礙子、藝術陶瓷製品。
紡織工業	人造纖維、合成纖維、紡紗、織布、針織、印染、成衣。
其他製造工業	鐘錶及其零件、金屬錶帶、手套、小五金、機製混合飼料、不銹鋼餐具、遊艇、玩具、釣魚用具、傘、製革、砂輪、砂紙、砂布、製鞋。
手工藝品	各種手工藝。
漁業	各種漁產品。
倉庫業	冷凍、冷藏倉庫。
運輸業	汽車客運業、汽車貨運業。

資料來源：行政院 1981 年 10 月 27 日核定之「重要生產事業特別獎勵適用範圍及標準」；行政院 1980 年 10 月 27 日核定之「獎勵合併之生產事業種類及標準」。

　　此外，1982年起政府提供機械、電子資訊等「策略性工業」的超額保留盈餘的優惠，1986年起生物技術工業納入獎勵，1988年起材料技術工業納入獎勵，針對農業及服務業，則未見提供策略性獎勵業別的項目(表3-8)。

表3-8　策略性工業產品獎勵項目

獎勵業別	核定日期、獎勵項目之項數			
	1982年8月	1984年9月	1986年1月	1988年12月
一、機械工業	**87**	**88**	**92**	**98**
1.機械	49	50	52	51
2.汽車零件	9	9	10	12
3.電機	29	29	30	35
二、電子資訊工業	**64**	**83**	**91**	**87**
1.電腦系統產品	14	18	18	16
2.消費電子產品	5	6	6	6
3.電子零組件及材料	15	21	26	23
4.通信電子產品	10	13	14	14
5.工業電子產品	14	15	16	16
6.資訊軟體	6	10	11	12
三、生物技術工業	**0**	**0**	**16**	**16**
四、材料技術工業	**0**	**0**	**0**	**13**
合計	**151**	**171**	**199**	**214**

資料來源：蕭峯雄(1994)。

(二)促進產業升級條例的規定

促進產業升級條例第一條明定「本條例所稱產業係指農業、工業及服務業等各行業」，亦即所有從事農業、工業、服務業的企業均得適用享有本條例的獎勵。但是，如就各獎勵措施的條文加以觀察，則促進產業升級條例與獎勵投資條例一樣，均存在許多各業別間享有不同適用水準的情形。以下我們分由「產業別」及「功能別」的獎勵觀察。

◆「產業別」規定的差別待遇

依立法的精神，促進產業升級條例重「功能別」的獎勵，而輕「產業別」的獎勵，然該條例仍給予特定產業較高的租稅優惠待遇。例如，1990年代的策略性獎勵對象為「重要科技事業」、「重要投資事業」、「創投事業」及「重要產業」；2000年以後，其範圍則限於「新興重要策略性產業」及「科學工業」。這些產業別的獎勵，造成受獎廠商與非受獎廠商間的不平等待遇。

此外，製造業、服務業及農業之間，也是有差別待遇的情形存在。例如，1990年代適用「重要科技事業」的獎勵僅限於製造業及技術服務業；「重要投資事業」亦僅限於製造業、發電業及少部分的服務業(交通事業、影視事業、大型購物中心事業)，農業被排除在外；受獎勵的創投事業，則必須係投資於十大新興工業等的項目。此外，得享有超額保留盈餘的重要產業，政府所訂的範圍亦僅限於製造業、發電業及交通事業。

2000年以後，「新興重要策略性產業」的範圍係由各目的事業主管機關訂定，故農業、工業及服務業的目的事業主管機

關均可透過經建會所訂定的審查篩選原則(表3-9)，就擬推動的
策略性產業訂定獎勵辦法。惟目前僅「製造業及技術服務業」、
「農業」、「電影工業數位化後製作」訂有實際適用的獎勵辦
法，其他服務業尚未訂定，尤其在部分目的事業主管機關並不
明確(如文化創意產業)，或因為主管機關態度不夠積極下，使
得服務業在租稅獎勵適用上居於劣勢。

表3-9　台灣目前新興重要策略性產業篩選原則

原則	說明
新興產業(產品)	國內無產製，或雖有產製，但仍屬新技術之產品。
外部性(或外溢效果)大	該產業需從事大量研究、發展、技術創新等活動，因其具有關鍵技術掌握不易、產品生命週期短等風險，且所生產產品或提供勞務之外溢效果，可使其他經濟活動者受惠。
國際間競爭效果	國際間的競爭對手國對該等產業已普遍有租稅獎勵，台灣勢必給予相同獎勵，以提升競爭力。
現行法律尚未給予獎勵	現行法律若已給予特別租稅獎勵者，當避免重複獎勵。

　　農業、工業及服務業的差別待遇亦顯見於2003年條例修正
時，促進產業升級條例第九條之二規定，為促進投資，2002至
2003年增資擴充或新創立投資的業者，得享5年免稅的租稅優
惠，其得享受的對象，僅限定於製造業及其相關技術服務業，

其他同屬經營易受不景氣影響的營建業、交通事業或農業等，均無法享有同等的優惠。政府對外說明理由主要為製造業及技術服務業關聯效果大、吸納勞工較多，同時也是為傳統製造業爭取與高科技產業同等5年免稅的優惠待遇，以減少租稅扭曲。

◆「功能別」規定的差別待遇

促進產業升級條例中針對功能別獎勵並未限定適用產業範圍，其中如研究與發展、人才培訓、資源貧瘠地區的投資抵減，均無產業別差異存在，惟機器設備投資抵減目前僅有農業、製造業及相關技術服務業、批發零售業等業的主管機關訂定獎勵辦法，其他金融機構等服務業均未訂定獎勵辦法，故仍無法適用該項功能別的獎勵。

由以上獎勵投資條例及促進產業升級條例重點獎勵項目的轉變可觀察到，工業中最大宗的製造業，一直是二次大戰以來台灣政府有計畫推動的產業。原本以農業為主的台灣經濟，從1950、1960年代發展輕工業、促進外銷，1970年代開始帶動鋼鐵、石化等重化工業投資，1980年代開始推動電子、機械等策略性工業發展，乃至1990年代以後台灣逐漸在國際資訊、電子領域占有一席之地，政府在租稅優惠上對於製造業的支持及重視，確實遠超出對農業及服務業部門的重視。不過，有鑒於服務業的產出與就業比重愈來愈高的趨勢下，相信在未來服務業所受到租稅獎勵不公平待遇的情形將會有所改善。

三、逐漸重視附加價值的提升

由歷年租稅獎勵的重點項目觀察，台灣在1960年代係以獎

勵資本累積爲出發點，選擇化學工業、基本金屬製造業、電工
器材、機械工業、造紙工業等重要的生產事業當作獎勵重點。
1970年代以後開始重視資本密集、技術密集的產業，並仍以化
學工業、基本金屬製造業、電工器材、機械工業爲代表。1980
年代「策略性工業」由經濟部工業局根據「產業關聯效果大」、
「市場潛力大」、「技術密集度高」、「附加價值高」、「能
源係數低」（即「二大、二高、二低」）的篩選原則加以挑選，
除重視產業技術與附加價值的帶動外，低污染及低耗能的產業
亦在環保意識抬頭下開始受到重視。自此，電子資訊工業逐漸
成爲獎勵的重點，生技、材料工業並展露頭角，而民生基礎工
業中的木材工業、造紙工業、橡膠工業、食品工業則逐漸被限
縮獎勵範圍。

　　1990年代的租稅獎勵以十大新興工業爲主，具有發展潛力
的通訊、資訊、消費性電子、半導體、精密器械與自動化、航
太、高級材料、特用化學品與製藥、醫療保健及污染防治工業，
則成爲台灣重點推動的科技產業。2000年起的獎勵重點「新興
重要策略性產業」，則是著重於各項產業的新產品或新技術，
而此等產品或技術並應具外部性或外溢效果大、風險性高且亟
需政府扶植的特性，不再以產業別加以區分，消除政府只重高
科技產業不重視傳統產業的疑慮（歷年租稅獎勵的重點產業，請
參閱表3-10）。

　　由重點獎勵產業篩選的原則可以觀察出政府歷年獎勵的對
象，係先以生產、資本累積爲考量重點，而隨著經濟的發展，
擴展國際市場，逐漸引導產業朝資本密集與技術密集方向發

表3-10　歷年租稅獎勵的重點產業

年代	1960 年代	1970 年代	1980 年代	1990 年代	2000 年代
獎勵對象	生產事業	資本密集或技術密集	策略性工業創業投資事業	重要科技、重要投資及創投事業	新興重要策略性產業
獎勵重點	產量大、投資金額大之重要生產事業	資本密集或技術密集	符合二大、二高、二低者	十大新興工業的產品、重大投資事業	新興產品或技術 [11]
產業別	1.農業 2.林業 3.漁業 4.畜牧業 5.礦業 6.製造業 7.手工藝業 8.運輸業 9.公用事業 10.觀光旅館業 11.國民住宅營造業 12.技術服務業	1.基本金屬製造業 2.電機工業 3.電子工業 4.機器或機器零件製造工業 5.造船工業 6.化學工業 7.染整工業 8.煤礦業 9.有機肥料業 10.國防工業用機器設備等	1.機械工業：機械、汽車零件、電機 2.電子資訊工業：電腦系統產品、消費電子產品、電子零組件或/及材料、通信電子產品、工業電子產品、資訊軟體 3.生物技術 4.材料技術	1.十大新興工業：通訊、資訊、消費性電子、半導體、精密器械及自動化、航太、高級材料、特用化學品與製藥、醫療保健及污染防治工業 2.重大投資事業：製造業、製造行銷中心、發電業、交通事業、影視事業、大型購物中心事業、配合政策對外投資	1.3C 工業 2.精密電子元件工業 3.精密機械設備工業 4.航太工業 5.生醫及特化工業 6.綠色技術工業 7.高級材料工業 8.技術服務業（網路軟體內容、網路服務、IC 設計、電力系統工程、產品工程服務、環保工程、生技製藥、智慧財產服務等）

11　行政院經建會產官學會議針對新興重要策略性產業篩選原則為：(1)
　應屬新興產業或產品(國內無產製，或雖有產製，但仍屬新技術的產
　品)；(2)外部性或外溢效果大(需從事大量研究、發展、技術創新等
　活動)；及(3)其他國際已給予獎勵者。

展。之後，為因應環保的要求及國內勞工成本上漲的壓力，低污染、低耗能、高附加價值漸漸成為產業轉型的首要課題。至現階段知識經濟時代來臨，引導企業創新產品或開發核心技術，成為台灣在面對中國大陸磁吸效應及加入WTO後，台灣產業能否持續發展的關鍵。因此，在策略性產業選擇上，不難看出台灣產業發展逐漸由重視資本累積轉為重視附加價值提升的過程。

事實上，為凸顯附加價值提升及產品創新的重要性，1990年代以後政府亦以提高研究與發展投入、人才培訓支出投資抵減率與降低適用獎勵門檻等方式，希望帶動企業在創新領域相關的投入。此外，1990年代重要科技、重要投資事業適用股東投資抵減的優惠，均應符合增資及機械設備購置達一定金額以上者方得適用，而2000年以後新興重要策略性產業的適用，則除機械設備需達一定金額以上的要件外，研究與發展的投入達一定比例者，亦得享有優惠。部分企業如智慧財產技術服務業、研究與發展服務業等，更無需最低增資金額規定，通過經濟部工業局審核者即可適用。因此，透過研究與發展等投入以創造企業附加價值、發展新產品、新產業，已逐漸取代資本的累積，成為政府租稅獎勵的重點。

四、獎勵對象逐漸重視小企業

一般租稅的課徵必須符合稅務行政原則，亦即租稅制度的設計與稽徵，應以行政程序與徵納費用最小化為原則。相對的，對於租稅獎勵的提供，往往也會要求適用獎勵的業者應達最低

規模，以符行政成本效益。但有時這些最低適用門檻的訂定，
往往會使中小企業遭受到差別待遇。

(一)獎勵投資條例的規定

台灣獎勵投資條例制訂之初，政府即認為股份有限公司能
接受大眾投資，其股票易流通，為發展經濟最有效的企業組織，
故除透過營所稅減徵15%等優惠，鼓勵公司股票上市上櫃，並規
定五、四年免稅或加速折舊二擇一、合併的減免及國內無產製
的進口機器設備免稅等優惠，僅限於股份有限公司型態的生產
事業適用，排除獨資、合夥或公司組織型態之適用。至於一般
營利事業可享有的無差別優惠待遇，僅限於節約能源、污染防
治投資抵減及提撥外銷損失準備等項目，由此可見政府對於企
業規模的差別待遇。

(二)促進產業升級條例的規定

促進產業升級條例訂定時，雖係以企業功能性的活動為獎
勵的要件，所有依法登記的公司均能適用。然部分獎勵項目仍
是以大企業作為首要獎勵對象，中小企業則難以達到部分適用
的門檻。

例如，重要科技事業適用的資格，製造業部分至少要有1億
元以上全新機器設備的購置，技術服務業亦必須有5,000萬元以
上方能符合獎勵的要件。重要投資事業則更是以大型的投資為
主要訴求，著重該等企業為整體經濟所帶來的重大貢獻。另一
項企業最常使用的租稅獎勵項目——購置機械設備的投資抵
減，在相關適用辦法中亦存在不利中小企業適用的條文規定，
亦即購置自動化、溫室氣體排放等，在同一年度購置達新台幣

60萬元以上，方能享受該項優惠。相對於資本額較大的企業，新台幣60萬元可能非常容易達成，然相對於中小企業而言，60萬元確實已形成一個門檻(表3-11)。

表3-11　促進產業升級條例各產業別獎勵門檻比較

產業別種類		獎勵門檻		
		實收資本額(單位:元)	全新機械設備購置(單位:元)	其他門檻
重要科技事業	製造業	2 億	1 億	十大新興工業。
	技術服務業	5,000 萬	700~1,500 萬	十大新興工業所需技術服務。
重要投資事業	製造業	20 億	20 億	有助產業升級,並符合環境標準。
	製造行銷中心	25 億	25 億	產品營收淨額 100 億元,製造部分不低於 70 億元。有助產業升級,並符合環境標準。
	發電業	20 億	20 億	有助產業升級,並符合環境標準。
	交通事業	20 億	20 億	有助產業升級,並符合環境標準。
	影視事業	2~12 億	2~12 億	有助產業升級,並符合環境標準。
	大型購物中心	20 億	20 億	非工商綜合區土地、附停車位。
	對外投資	3,000 萬		對邦交國經濟有益的生產事業。
創業投資事業				經財政部同意從事創業投資業務的股份有限公司。

產業別種類		獎勵門檻		
		實收資本額(單位：元)	全新機械設備購置(單位:元)	其他門檻
重要產業	製造業及技術服務業			十大新興、船舶工業。
	發電業			取得經濟部核准的文件。
	交通事業			民用航空器、大眾捷運、港埠等，取得交通部核准的文件。
新興重要策略性產業	製造業(環保科技材料等)	2億(5,000萬)	1億(1,500萬)	R&D金額2,000萬元或中小企業R&D金額占投資計畫實收資本額達10%者亦可適用。
	技術服務業(智慧財產技術服務、研發服務)	5,000萬(不限金額)	700萬~1,500萬(不限金額)	R&D金額1,500萬元或中小企業3年R&D占投資計畫實收資本額達10%或15%者亦可適用。
	農業	5,000萬	3,000萬	R&D金額1,500萬元。
	電影工業	6,000萬	6,000萬	
企業營運總部		1.國內員工人數月平均達100人、大專以上畢業人員月平均50人。2.年營業收入淨額達新臺幣10億元。3.年營業費用達新臺幣5,000萬元。4.統籌各國外關係企業之經營策略、智慧財產管理等營運活動。5.國外關係企業應於2個以上國家設立登記營業。6.國外關係企業之年營業收入合計達新臺幣1億元。		
物流配銷中心		年度發貨之貨物銷售總額達新臺幣2億元；其中出口之貨物銷售總額達新臺幣1億元，或達當年度發貨貨物銷售總額百分之十。		
功能性投資抵減		自動化、溫室氣體排放、提升企業數位資訊效能：1年60萬元。資源回收、防治污染、工業用水再利用設備或技術：1年60萬元。研究與發展、人才培訓：沒有門檻。		

　　台灣經濟發展初期，「客廳即工廠」，反映出台灣人的勤奮與旺盛的創業精神，配合價廉且質優的勞動力，台灣逐漸在國際市場上開拓出一片領域。依據現行「中小企業認定標準」的規定[12]，中小企業係指依法辦理公司登記或商業登記，製造業、營造業、礦業及土石採取業實收資本額在新台幣8,000萬元以下或經常雇用員工數未滿200人者。農林漁牧業、水電燃氣業、商業、運輸、倉儲及通信業、金融保險不動產業、工商服務業、社會服務及個人服務業前一年營業額在新台幣1億元以下或經常雇用員工數未滿50人者。

　　截至2003年為止，台灣中小企業家數仍約占98%左右的比重。然而，這樣的中小企業往往被認為不具經濟規模，不符國際化競爭需要，且多屬家族企業的型態，會計、財務、人才等體質不健全等問題，故政府1990年以前的政策大多是藉由租稅減免的給予（例如，給予企業合併的租稅獎勵）等，希望引導企業朝公司化及大型化發展。

　　但是，1990年以後虛擬網路的發達、委外專業分工的盛行，讓規模小的企業發展擁有無限的可能，而中小企業所代表的創

12　台灣對於中小企業的定義屢有改變。1982年政府訂定「中小企業輔
　　導準則」中，中小企業係指實收資本額或營業額在4,000萬元以下者，
　　1991年行政院依中小企業發展條例所訂定之「中小企業認定標準」
　　並加以沿用。1995年經濟部修正該認定標準，將中小企業認定標準
　　調高為6,000萬元，商業、服務業等行業的營業額由4,000萬元調高為
　　8,000萬元，並增訂「經常雇用員工數」的認定標準（例如，製造業經
　　常雇用數未滿200人者，農林漁牧業為未滿50人者）。2000年政府再
　　修正該標準，製造業實收資本額再提高為8,000萬元以下者，商業、
　　服務業等行業的營業額再調高為1億元以下者。

新、靈活能力,更逐漸讓政府部門意識到產業發展與企業規模間並無絕對的關係,重「大企業」而輕「中小企業」的租稅獎勵設計或法規環境將影響企業的規模選擇,故開始鬆綁相關法規,期使企業規模由市場機制自由運作調整。

例如,2002年「企業併購法」發布後,將分割、合併及收購均視為組織調整的一環,給予企業不管是大型化或小型化,均享有相同租稅優惠及規模調整的機制。促進產業升級條例中新興重要策略性產業於2002年修訂時,增列中小企業研究與發展占投資計畫實收資本額達一定比例成為適用要件之一,使生產符合新興重要策略性產業的中小企業亦得享有5年免稅或股東投資抵減的獎勵,而略為縮小大企業與中小企業二者間租稅獎勵的差異,使中小企業享有的租稅獎勵逐漸提升。此外,為鼓勵中小企業進行研究與發展,政府已逐步取消研究與發展及人才培訓適用的金額門檻(表3-12)。不過,部分獎勵項目,例如設立營運總部、物流配銷中心、購置自動化設備的獎勵門檻,對於中小企業而言仍然偏高。

五、逐漸重視整體租稅環境的改善

在上一節中我們歸納現行政府獎勵企業內部的活動項目包括設備更新及技術現代化(包括自動化、電子化、數位化機械設備或技術);環保設備投入(包括節約能源、污染防治等機械設備或技術);研究與發展及人才培訓投入;鼓勵併購調整規模等四大項,歷年來獎勵的項目差異並不大,只是將機械設備或技術的定義區分得更為精確。然而,針對企業具有外部性的活動,

表3-12 研究與發展及人才培訓支出抵減率與適用門檻的沿革

辦法施行期間 （辦法公布日期）	項目	抵減率	適用門檻
1995 至 1996 年 (1995 年 5 月 3 日)	研究與發展	15%	300 萬元或達營業收入淨額 2%以上者。
	人才培訓		60 萬元。
1997 至 1998 年 (1997年5月28日)	研究與發展	15%	200 萬元且達營業收入淨額 2%以上者。
		20%	200 萬元且達營業收入淨額 3%以上者。
	人才培訓	15%	60 萬元。
1999年1月1日至 1999年12月31日 (1999年3月17日)	研究與發展	20%	200 萬元且達營業收入淨額 2%以上者。
	人才培訓	20%	60 萬元。
2000 年 1 月 1 日至 2002 年 1 月 31 日 (2001年7月11日)	研究與發展	25% 50%	150 萬元且達營業收入淨額 2%以上者。
	人才培訓	（超過前2年平均金額的部分）	30 萬元。
2002年2月1日起 (2002年3月27日)	研究與發展	30%	沒有門檻。
	人才培訓	50% （超過前2年平均金額的部分）	沒有門檻。

政府所提供的租稅獎勵則有愈來愈廣的趨勢。例如，1991年開始實施的促進產業升級條例首度鼓勵企業往資源貧瘠地區投資，以平衡區域經濟發展；2000年政府亦開始鼓勵企業在台灣

設立營運總部、物流配銷中心，希望帶動產業升級、根留台灣，以避免產業發展空洞化。

此外，政府也正積極檢視現有的租稅環境，希望消除相關投資的障礙。例如，逐步檢討合併的獎勵，讓企業向內或向外整併的考量不受稅制影響，以加速企業調整規模；2002年的財政改革委員會所討論的議題包括「建立台商大陸資金匯回無障礙租稅環境」、「外國營利事業在台灣境內之分支機構盈餘匯回總公司課稅之檢討」等，均係針對現行產業發展的租稅環境所進行的檢討工作。

為因應企業發展需求及產業發展趨勢，政府不斷透過修正租稅獎勵的項目，希望促進產業投資與升級，尤其全球化促使產業環境競爭更形激烈、科技更加發達後企業型態也更加多樣化，如何掌握趨勢與業者需求，以穩定國內的經濟成長、促進就業，相信是各國未來在運用租稅獎勵或其他產業政策時都會考量的重點。因此，未來如何因應國內及國際間所可能形成的租稅競賽，政府部門應事先預作規劃。

第四節　結語

目前台灣針對產業別的租稅減免法規，除促進產業升級條例已明文規定的相關租稅獎勵措施外，基於個別產業特性的不同及適用課稅稅率的不同，各目的事業主管機關對於個別產業仍會提供進一步的租稅減免，而各縣市政府也會針對促進地方經濟繁榮的需要，制訂地方稅減免的措施。

　　從台灣租稅獎勵相關法規的沿革過程可以發現，台灣租稅獎勵政策的規定一直能夠配合時代的背景及產業轉型與發展的需要適時調整。例如，逐漸重視附加價值的提升、愈加考量服務業的特性、進而重視整體租稅環境的改善等，使得租稅獎勵法規的修正，比起其他法規的修正顯得相當頻繁。

　　然而，由於獎勵投資條例及促進產業升級條例長期以來一直隸屬於經濟部轄下，故在條文的設計上部分適用標準及條例等幾乎是以製造業量身訂做，而獎勵仍偏重於大型製造業等現象，仍不免讓人產生資源投入扭曲的疑慮。在服務業愈形重要及中小企業不應被忽略的呼聲下，未來如何持續調整租稅獎勵不公平待遇的情形，相信在未來應是租稅獎勵檢討的重點。

　　為因應企業發展需求及產業發展趨勢，政府不斷透過修正租稅獎勵的項目，希望促進產業投資與升級，尤其全球化促使產業競爭環境更形激烈，科技更加發達後企業型態也更加多樣化，如何掌握趨勢與業者需求，以穩定國內的經濟成長、促進就業，相信是各國未來在運用租稅獎勵或其他產業政策時都會考量的重點。對此我國應預作規劃，以因應國內及國際間未來所可能形成的租稅競賽。

第四章
租稅獎勵實施成效的評估

　　經過多年租稅獎勵的運用，租稅獎勵的實施成效如何，是本章所要探討的重點。第二章曾提到租稅獎勵的評估重點主要有稅收效益、經濟效益及誘發效益三大類，評估的方法包括調查法、計量經濟法及準實證研究法等三種。事實上，由於經濟活動的複雜性，目前相關的評估方法中，仍無廣為人們所接受的方式。

　　為了解租稅獎勵實施成效，本章採用次級資料觀察及文獻整理的方式加以歸納整理。在第一節中我們將利用財政部統計的資料，先了解租稅獎勵的實施對稅收產生的直接衝擊。第二節我們將簡單地以台灣產業結構的轉變情形等總體經濟數據，觀察租稅獎勵及政府相關產業政策實施的成效；由於整體產業結構的轉變不只受到租稅獎勵的影響，因此本書並沒有針對租稅獎勵另外建立實證模型或進行問卷調查，而僅以整理政府針對產業別、功能別及整體投資環境所提供的各種產業政策，再由各相關指標改變情形，來了解整體租稅獎勵等相關產業政策的成效。第三節我們再進一步藉由文獻回顧的方式，了解相關

文獻評估的方式及其評估的結果。

第一節　租稅減免金額

　　由於現行財政部對於各項租稅獎勵的減免金額，僅針對獎勵投資條例與促進產業升級條例的減免金額有較詳盡的統計，因此，以下我們僅就該二條例減免金額一窺整體租稅獎勵大致的稅捐減免狀況。

一、總減免金額及結構

　　獎勵投資條例實施期限自1960至1990年止，各項稅捐（包括所得稅、證券交易稅、營業稅、印花稅、田賦、地價稅、土地增值稅、房屋稅、戶稅及契稅等十項）減免金額，至2002年止，累積共計為5千多億元新台幣（表4-1），其中以所得稅減免金額占最大宗，平均占所有免稅稅目的71.8%，其次為營業稅占15.7%。就個別年度的稅捐減免額觀察，1960年代各年度的稅捐減免額大致在10億元以內，1970年代則從15億元逐漸增加為100億元左右，1980年代則從146億元提升至363億元左右，1990年減免額達到469億元的最高點後，隨著獎勵投資條例實施屆滿，減免稅額才逐漸下降。

　　在促進產業升級條例方面，1992至2002年止各項稅捐（包括所得稅、印花稅、土地增值稅及契稅等四種）減免稅額共計3千多億元（表4-2）。其中亦以所得稅的減免為最大宗，占所有減免稅稅目95%，較獎勵投資條例時期的71.8%為高，顯示所

表4-1　歷年獎勵投資條例的各類稅捐減免金額

單位：新台幣百萬元

稅別 年度	總計 金額	%	所得稅 金額	%	證交稅 金額	%	營業稅 金額	%	印花稅 金額	%
總計	528,233	100.0	379,569	71.9	15,853	3.0	82,865	15.7	42,407	8.0
1961	150	100.0	24	15.8			33	22.3	93	61.8
1965	490	100.0	235	48.0			134	27.3	104	21.2
1966	642	100.0	274	42.7			74	11.6	274	42.7
1967	747	100.0	322	43.1			89	11.9	316	42.3
1968	948	100.0	346	36.5			212	22.4	371	39.1
1969	1,120	100.0	372	33.2			302	27.0	438	39.1
1970	1,509	100.0	518	34.3			388	25.7	587	38.9
1971	2,576	100.0	610	23.7			975	37.8	977	37.9
1972	2,664	100.0	926	34.8			771	28.9	945	35.5
1973	4,736	100.0	1,232	26.0			2,287	48.3	1,182	25.0
1974	6,386	100.0	3,027	47.4			1,679	26.3	1,628	25.5
1975	7,235	100.0	2,003	27.7			3,327	46.0	1,842	25.5
1976	8,262	100.0	2,805	33.9			3,182	38.5	2,160	26.1
1977	8,732	100.0	2,862	32.8			3,081	35.3	2,660	30.5
1978	9,941	100.0	4,067	40.9			3,681	37.0	2,145	21.6
1979	10,598	100.0	4,703	44.4			3,776	35.6	1,991	18.8
1980	14,611	100.0	5,280	36.1			6,872	47.0	2,375	16.3
1981	14,338	100.0	5,616	39.2			6,161	43.0	2,239	15.6
1982	26,631	100.0	14,963	56.2			7,805	29.3	3,547	13.3
1983	21,431	100.0	10,827	50.5			6,993	32.6	3,028	14.1
1984	33,340	100.0	18,118	54.3		0.0	10,400	31.2	3,948	11.8
1985	28,843	100.0	12,626	43.8	66	0.2	10,441	36.2	5,066	17.6
1986	34,593	100.0	18,972	54.8	1,265	3.7	9,437	27.3	4,271	12.3
1987	19,973	100.0	19,133	95.8			592	3.0	30	0.2
1988	24,286	100.0	24,064	99.1			92	0.0		0.0
1989	36,336	100.0	35,601	98.0						
1990	46,862	100.0	31,787	67.8	14,522	31				
1991	41,759	100.0	41,303	98.9						
1992	40,882	100.0	40,206	98.3						
1993	35,901	100.0	35,889	100.0						
1994	14,062	100.0	14,001	99.6						
1995	5,009	100.0	5,005	99.9						
1996	4,753	100.0	4,740	99.7						
1997	4,513	100.0	4,435	98.3						
1998	6,519	100.0	6,516	100.0						
1999	4,164	100.0	4,161	99.9						
2000	854	100.0	669	78.3						
2001	604	100.0	603	99.7						
2002	170	100.0	167	97.8						

稅別 年度	田賦 金額	%	地價稅 金額	%	土地增值稅 金額	%	房屋稅 金額	%	戶稅 金額	%	契稅 金額	%
總計	23	0.0	1968	0.4	3,884	0.7	188	0.0	103	0.0	1,372	0.0
1961											0	0.1
1965									16	3.3	2	0.4
1966	2	0.0							14	2.2	2	0.3
1967									18	2.4	1	0.1
1968									12	1.3	6	0.6
1969											9	0.8
1970	1										15	1.0
1971	1	0.0									13	0.5
1972	1										21	0.8
1973	1										35	0.7
1974	1										50	0.8
1975	2		1	0.0	5	0.1					55	0.8
1976	2	0.0	5	0.1	36	0.4	1	0.0			72	0.9
1977	2		15	0.2	35	0.4					77	0.9
1978	1		10	0.1	2	0.0					35	0.4
1979			21	0.2	174	1.6					23	0.2
1980			24	0.2	37	0.3					23	0.2
1981	1	0.0	278	1.9	27	0.2	0	0.0			17	0.1
1982	1	0.0	83	0.0	70	0.0	4	0.0			158	0.6
1983	1	0.0	314	1.5	230	1.1	9	0.1			29	0.1
1984	1	0.0	519	1.6	301	0.9	10	0.0			43	0.1
1985	1	0.0	294	1.0	277	1.0	8	0.0			64	0.2
1986	2	0.0	191	0.6	339	1.0	6	0.0			111	0.3
1987	1	0.0	70	0.4	26	0.1	11	0.1			111	0.6
1988	2	0.0	34	0.1	109	0.4	12	0.1			65	0.3
1989			41	0.1	562	1.5	33	0.1			100	0.3
1990			40	0.1	339	0.7	33	0.1			140	0.3
1991			2	0.0	402	1.0	15	0.0			37	0.1
1992					615	1.5	9.5	0.0			51	0.1
1993							10	0.0			2	0.0
1994			26	0.2	28	0.2	4	0.0			2	0.0
1995							4	0.1				
1996					10	0.2	3	0.1				
1997					78	1.7		0.0				
1998							3	0.0				
1999							3	0.1				
2000					183	21.4	3	0.3				
2001							2	0.3				
2002							4	2.2				

註1：年度統計時間為前一年7月起至當年6月底止；2000年度起改為曆年制，
即從當年1至12月。

註2：雖然獎勵投資條例在1990年屆滿，但由於部分企業享有五年免稅的優惠，
並可選擇延遲開始免稅的期間，故截至目前仍有稅額陸續減免。

資料來源：財政部統計處(2003)，《賦稅統計年報》。

表4-2　促進產業升級條例減免稅額

單位：新台幣百萬元

稅別 / 年度	總計 金額	%	所得稅 金額	%	印花稅 金額	%	土地增值稅 金額	%	契稅 金額	%
合計	337,937	100	320,216	94.8	175	0.1	17,169	5.1	380	0.1
1993	5,919	100	5,536	93.6	-	-	-	-	61	1.0
1994	12,226	100	10,110	82.7	151	1.2	319	5.4	10	0.1
1995	13,459	100	12,440	92.4	3	0.0	1,954	16	11	0.1
1996	14,511	100	13,352	92.0		0.0	1,005	7.5	21	0.1
1997	21,382	100	20,351	95.2	2	0.0	1,138	7.8	56	0.3
1998	38,007	100	36,535	96.1		0.0	973	4.6	15	0.0
1999	47,189	100	44,942	95.2	2	0.0	1,457	3.8	45	0.1
2000	83,677	100	81,348	97.2		0.0	2,200	4.7	75	0.1
2001	65,308	100	61,044	93.5	13	0.0	4,177	6.4	74	0.1
2002	36,264	100	34,558	95.3	2	0.0	1,692	4.7	13	0.1

註：年度統計時間為前一年7月起至當年6月底止；2000年度起改為曆年制，即從當年1月至12月。

資料來源：財政部統計處(2003)，《賦稅統計年報》。

得稅減免這項政策工具已成為政府愈來愈倚重的政策工具，而其他稅目如營業稅等，作為租稅減免工具的情況相對變少。本條例實施初期，減免稅額約在100億左右，但經過10年的實施期間，減免稅額在2000年時已躍升為837億元。整體而言，除了獎勵投資條例與促進產業升級條例過渡期間，租稅減免金額略有下降外，政府提供產業的租稅減免金額呈現逐年增加的趨勢。

如以減免的稅捐占國家整體租稅收入的比重觀察，則歷年租稅獎勵所減免的稅額，平均約占總稅收的5%，其中所得稅減

免金額占所得稅收入的比重約為15.2%,為各稅目之冠(圖4-1)。
促進產業升級條例實施期間,稅收減免金額占國家整體租稅收
入的比重,平均約為2.35%,較獎勵投資條例時期的平均5%為
低;所得稅減免平均約占國家整體所得稅收入的7.59%,亦遠較
獎勵投資條例實施時期的平均15.2%為低。不過,減免金額在近
年來有愈來愈多的趨勢,值得加以注意。

圖4-1 歷年產業租稅獎勵減免金額占稅收比例的趨勢變化

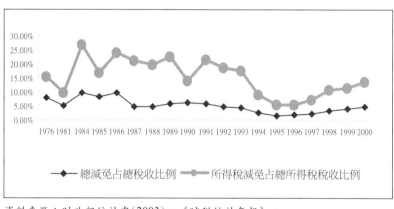

資料來源:財政部統計處(2003),《賦稅統計年報》。

二、各產業的減免金額

　　要了解租稅獎勵的減免金額,除了可以從企業申請各項獎
勵的情形約略觀察外,企業的有效稅率(稅額/全年所得)亦是參
考比較的數據。在企業申請各項獎勵部分,由於經濟部工業局
或財政部並未針對各產業別申請各項租稅減免的案件進行統

計，而只針對1992至1996年重要科技事業獎勵及2000年後新興重要策略性產業獎勵屬於製造業及技術服務業部分案件進行統計，因此以下僅依據這些統計資料進行分析。

根據1992至1996年重要科技事業核准件數及投資金額的統計，十項重點獎勵的科技事業中，半導體、資訊電子業及高級材料業為所有申請案件的大宗，尤其半導體申請核准的件數約達全體申請核准件數的三分之二，雖然通訊、特用化學品與製藥、污染防治工業、技術服務業及航太工業都是獎勵的重點，但是受獎勵的情形卻不多(尤其是污染防治工業)(表4-3)。

表4-3　重要科技事業租稅獎勵核准件數及投資金額

單位：新台幣億元

產業別	1992年		1993年		1994年		1995年		1996年		合計	
	件數	金額	件數	金額	件數	金額	件數	金額	件數	金額	件數	金額
半導體	7	250	3	13	10	152	5	384	34	1115	59	1913
資訊	0	0	3	15	1	17	2	5	18	141	24	178
消費性電子	0	0	1	13	3	22	2	18	16	121	22	174
通訊	0	0	0	0	3	10	0	0	13	50	16	60
特用化學品與製藥	1	85	0	0	0	0	0	0	1	10	2	95
高級材料	3	58	3	98	2	34	1	3	11	142	20	335
精密器械及自動化	3	40	1	2	2	14	0	0	7	51	13	107
污染防治	0	0	1	6	0	0	0	0	0	0	1	6
技術服務業	0	0	0	0	1	1	0	0	18	74	19	75
航太	1	52	0	0	0	0	0	0	2	7	3	59
總計	15	485	12	146	22	250	10	411	120	1711	179	3002

註：因四捨五入，合計與加總數字略有差異。

資料來源：經濟部工業局，1997至2000年的件數及金額統計資料未發布。

　　2002年至2003年5月製造業及技術服務業申請核准新興重
要策略性產業獎勵案件中，精密電子元件工業（含半導體設備
等）、3C工業（資訊、通訊、消費電子工業）等二項的產品或技術
仍是企業申請核准的主要項目，航太工業、綠色技術工業及高
級材料工業等項申請的件數仍相對較低。由此可以約略觀察出
近年來台灣工業中以資訊、通訊、消費電子相關的產品及零組
件投資活動相對較航太、綠色技術及高級材料業活絡，故可享
有的租稅獎勵的機會自然較高（表4-4）。

**表4-4　製造業及技術服務業申請新興重要策略性產業租稅獎勵
核准數**

單位：百萬元新台幣

2002 年至 2003 年 5 月	可申請項數	申請核准數	
		件數	總投資額
製造業	**136**	**187**	**269,516.0**
3C 工業	14	40	27,016.4
精密電子元件工業	34	88	185,342.2
精密機械設備工業	32	20	43,934.8
航太工業	3	1	36.0
生醫及特化工業	30	28	7,217.6
綠色技術工業	11	4	426.0
高級材料工業	12	6	5,543.0
技術服務業	**18**	**168**	**51,770.9**

資料來源：經濟部工業局。

　　在產業別實際繳納稅捐方面，周添城等人(1989)研究各產業平均稅率的結果顯示，在1984、1986年，服務業是廠商家數比例最大的部門，然就所繳納的營利事業所得稅觀察，則以工業的57%左右為最高，其次為服務業的43%，農業則不管在廠商家數或規模或繳納稅捐方面都是最少的。工業的大宗製造業，在家數方面相對較少，但較為資本密集，且在稅額的貢獻度上亦相對較其他產業為高。服務業的大宗商業，其家數約占整體產業家數的60%，但所納的稅額，則約只占所有業別稅額的30%左右。此外，產業間每1元所得的租稅負擔，工業及服務業均較農業為高，而服務業的租稅負擔又高於工業，顯示在1984及1986年，在營所稅稅率為25%的情況下，服務業得以享有的租稅減免遠低於工業(製造業)及農業，這與上一章租稅獎勵趨勢的分析相符。

　　以上的情況在1998年及1999年略有些變化。表4-5顯示在1998年、1999年這兩個年度，產業的平均稅率除金融保險不動產業外，均有提升現象[1]，而製造業與服務業的平均稅率似乎有拉近的趨勢，似乎也代表著製造業享有的租稅獎勵逐漸縮減中，政府也越加重視服務業的發展。

　　此外，孫克難等人(2001)從1993至2000年上市上櫃的財務報表中，將企業分為電子業、機電業、塑化業、汽車運輸業、食品業、紡織業、營造建材業、綜合類等八類，比較其在各年

1　據財政部表示，金融保險不動產業稅率最低是因為金融風暴以來銀行業獲利率下降，加上證券業的股票投資所得不用課徵證所稅，導致稅率較低。

表4-5　各產業別營所稅平均稅率

單位：%

產業別　　　　　　年度	1984年	1986年	1998年	1999年
農業				
農林漁牧業	8.4	8.6	12.5	18.2
工業				
礦業及土石採取業	14.7	11.5	23.3	23.4
製造業	**9.0**	**9.6**	**19.5**	**16.0**
水電燃氣業	9.1	10.2	24.8	24.7
營造業	12.0	13.3	20.7	20.7
服務業				
商業	11.7	12.4	15.7	21.0
運輸倉儲及通信業	8.5	10.8	19.4	13.6
金融保險不動產及工商服務業	14.4	10.7	9.7 19.9	8.4 17.4
公共行政社會服務及個人服務業	14.3	8.4	15.9	12.7

資料來源：1984年、1986年引自周添城等人(1989)，其平均稅率＝稅額/
全年所得額；1998年、1999年來自經濟日報引用財政部資
料，平均稅率＝(應納稅額―促產投資抵減)/全年所得額。

度的有效稅率(表4-6),結果顯示製造業中的電子業,在各年度的有效稅率普遍較其他七種行業為低,政府獎勵科技產業投資的結果,使得電子業獲益較大。

表4-6 各產業的有效稅率

單位:%

產業別	年別								平均
	1993	1994	1995	1996	1997	1998	1999	2000	
電子業	11.19	11.12	8.16	11.76	12.02	10.94	10.87	11.87	11.00
機電業	18.42	17.12	12.22	15.29	16.20	17.98	15.07	13.72	15.27
塑化業	15.22	11.39	9.63	12.52	13.08	16.28	14.19	14.63	13.28
汽車運輸業	14.54	16.27	14.69	13.26	14.21	17.97	15.68	14.72	14.19
食品業	14.56	11.36	9.88	12.02	8.68	10.43	13.92	18.76	12.21
紡織業	12.40	12.04	4.51	12.57	11.83	14.02	11.82	13.69	11.49
營造建材業	13.84	12.69	12.76	14.00	12.73	13.78	13.69	15.54	13.46
綜合類	15.71	15.26	13.07	13.74	13.75	16.25	15.47	19.13	15.22
平均	13.55	12.66	9.99	12.85	12.72	13.62	12.82	13.92	12.72

註1:綜合類係指上市上櫃公司屬綜合、百貨貿易、其他等產業類別。
註2:1995年紡織業有效稅率為4.51%,經查係該產業樣本之免稅所得
　　　(例如,證券及土地交易所得等)較大緣故。
資料來源:孫克難等人(2001)。

　　由上述申請產業別租稅獎勵的案件數以及企業實際申報繳稅的數據觀察,製造業中電子業享受到的租稅獎勵確實相對於其他行業為多,這也無怪乎一般社會大眾認為政府只重高科技產業,而忽視其他非電子業的傳統產業。

事實上，台灣電子業的股價表現一直比其他產業的股價亮眼，除造就許多科技新貴外，並吸引大批投資人的資金，以及優秀人才湧入，往往造成其他產業的優秀人才逐漸流失，並缺乏資金投入，影響營運與產品的創新研發，致使傳統產業關廠歇業或外移的家數大增，失業率攀升，造成社會的隱憂。是以，當電子業已占有相當大的營運優勢下，政府未來應該進一步思考將部分資源轉移至其他非電子的領域，鼓勵這些產業的研究與發展活動進行，以帶動整體產業的發展。

三、功能別的減免金額及結構

促進產業升級條例目前提供產業功能別租稅獎勵的項目，主要包括機械設備現代化（包括自動化、電子化、數位化）、環保設備投入（包括節約能源、污染防治等）、研究與發展、人才培訓等等，各項功能性獎勵項目在1992至2001年的減免金額整理如表4-7。在這之中以自動化設備或技術的減免稅額最多，平均每年約100多億元，研究與發展的減免金額居次，平均每年約30多億元，人才培訓、建立國際品牌支出及節約能源等項目的抵減金額則偏低。研究與發展、人才培訓的減免金額在近年來有較大的成長幅度，顯見企業愈來愈重視該二項的投資；然而防治污染設備、技術的投入，則未發現有顯著的成長。

單位：新台幣千元

表4-7 功能別投資抵減減免稅額

年度	1992年	1993年	1994年	1995年	1996年	1997年	1998年	1999年	2000年	2001年
國內產製自動化生產設備	678,695	2,453,436	3,840,262	2,149,039	2,471,107	4,809,849	20,368,023	6,489,405	14,859,619	10,445,067
國外產製自動化生產設備	231,811	1,263,665	1,769,539	1,810,162	1,847,189	3,613,817	1,902,000	3,594,101	8,137,703	7,695,955
自動化生產技術	57,848	75,104	43,897	72,735	158,120	186,444	263,520	583,472	242,160	675,699
國內產製污染防治設備	104,588	304,844	193,968	207,732	263,808	245,370	121,546	201,248	347,655	270,831
國外產製污染防治設備	18,811	30,152	145,634	48,963	60,557	70,558	39,021	22,999	204,147	62,171
污染防治技術	11,868	12,806	123,995	84,771	18,991	12,603	13,296	527,045	23,400	6,044
國內產製資源回收設備								171,157	128,351	87,425
國外產製資源回收設備								27,551	13,897	70,081
資源回收技術								554	4,990	2,537
研究與發展	1,518,602	822,300	1,192,819	2,418,160	1,632,048	2,425,220	4,141,961	3,871,100	7,852,769	6,694,045
人才培訓	70,355	55,512	148,137	228,107	163,306	460,684	180,619	296,801	540,020	477,602
建立國際品牌形象	22,275	1,879	16,304	31,574	18,987	39,309	33,038	53,211	164,700	91,572
國內產製節約能源設備								674	335	30,856
國外產製節約能源設備								329	77	26,028
節約能源技術								0	0	434
國內產製工業用水再利用設備								356	675	275
國外產製工業用水再利用設備								8	9	0
工業用水再利用技術								0	0	1,332

註：2000年為一年半的資料。

資料來源：財政部統計處（2003），《賦稅統計年報》。

第二節　產業發展成效

　　由於政府所提供各項租稅獎勵措施實施的起迄日期不一，稅率、適用門檻也迭經調整，要深入探討某項租稅獎勵措施所帶動的產業發展成效相當不易。因此，本書並不打算對租稅獎勵另外建立實證模型或進行問卷調查，而是以整理政府針對產業別、功能別及整體投資環境所提供的各種產業政策，再由各相關指標改變情形，來了解整體租稅獎勵等相關產業政策的成效。

一、改善投資環境部分

　　為協助產業發展，政府從戰後重建時期開始，便持續透過基礎建設、法令、人才、資金等方面提供產業優良的投資環境，並希望透過這些政策措施的提供，改善投資環境，帶動產業發展。例如，推動十大建設、設立加工出口區、設立科學園區、推動亞太營運中心計畫等，都屬於重大的政策措施。

　　2000年以後，由於產業外移、資金外移，國內投資降低，為使企業根留台灣，吸引外商前來投資，以降低台灣產業空洞化的威脅，政府更積極推動知識經濟發展方案、挑戰2008年國家發展重點計畫，以及新十大建設計畫等(表4-8)，擴大政府支出，並鼓勵企業創新、轉型升級。政府亦持續透過獎勵投資條例以及促進產業升級條例，提供企業投資設廠、購置新設備技術、合併、設立營運總部等活動的租稅獎勵。

表4-8　不同產業發展階段政府改善投資環境的政策措施

時間	背景	產業政策目標	重要產業政策措施
戰後重建時期（1945~1952）	戰後生產設備遭到破壞；政府遷台對民生物資需求劇增。	產業復健；增加民生物資供應；保護國內產業。	出口管制；增加電力供應；進口管制(1949)；設廠限制(1951)。
發展輕工業時期（1953~1972）	資金不足、資本不足；高失業率；貿易逆差；缺乏技術；外匯短缺；國內市場惡性競爭。	穩定物價；賺取外匯，拓展國外市場；改善投資環境；吸引僑外人投資；創造就業機會。	外銷退稅(1954)；外銷低利貸款(1957)；外匯改革(1958)；新台幣貶值(1958)；實施獎勵投資條例(1960)；設立加工出口區(1965)。
發展重化工業時期（1973~1983）	能源危機；下游產品發展，對中、上游原料零組件需求增加。	改善產業結構；發展中、上游產品。	推動十大建設(石化、鋼鐵、造船)(1973)；設立科學園區(1981)。
發展策略性工業時期（1984~1990）	對外貿易出超擴大，開放國內市場壓力增加，新台幣升值；勞工短缺、勞力密集產業競爭力減弱；環保意識高漲。	發展策略性工業；改善產業結構。	推動經濟自由化；大幅降低進口關稅；減少貿易管制。
發展高科技工業時期（1991~2000）	水、電等供應設施不足；工資上漲；勞力密集產業衰退；土地取得不易，地價高漲。	加速產業升級；強化資訊能力。	實施促進產業升級條例(1991)；推動國家建設六年計畫(1991)；新興高科技工業；亞太營運中心計畫(1995)。
發展創新產業(2000~)	產業外移、資金外移，國內投資降低；加入 WTO(2002)。	根留台灣，佈局全球，鼓勵創新、研發。	知識經濟發展方案(2001)；挑戰 2008 國家發展重點計畫(2002)；新十大建設計畫(2004)。

資料來源：蕭峯雄(1994)；本研究更新。

多年來改善投資環境的成效方面，若由表4-9固定投資相關
指標觀察，則可明顯發現固定資本形成成長率從1980年起便呈
現下降的趨勢，與台灣的經濟成長率發展的趨勢相同，故即便
政府持續提供租稅獎勵等產業政策工具，似乎無法維持一定的
高投資成長率。政府在近年來大力推動公營事業民營化，使得
公營事業投資成長率已無法再維持1980年及1990年般分別呈現
49.41%及40.40%的高度成長。是故，未來政府若要刺激經濟成
長，勢必要更加仰賴民間投資，利用租稅獎勵或其他措施來鼓
勵企業投資，仍將是未來重要的趨勢。

表4-9　固定投資相關指標

單位：%

年別	經濟成長率	固定資本形成成長率	政府投資成長率	公營事業投資成長率	民間投資成長率	投資率	儲蓄率
1972	13.32	22.35	14.99	27.06	21.18	25.64	32.12
1975	4.93	16.97	42.76	49.21	-5.89	30.54	26.72
1980	7.30	35.88	32.04	49.41	29.07	33.84	32.28
1985	4.95	-6.03	7.38	-11.06	-6.03	18.74	33.57
1990	5.39	11.04	29.20	40.40	-5.03	22.53	29.33
1995	6.42	10.19	5.01	3.17	14.67	24.93	27.04
2000	5.86	6.71	-5.57	-5.64	13.59	22.57	25.44
2003	1.19	-1.67	0.90	-5.15	-1.91	16.30	26.13

資料來源：行政院主計處，《中華民國臺灣地區國民所得統計》，各期。

在吸引外人投資的成效方面，由表4-10歷年僑外投資金額及
其對GNP的比率變動趨勢觀察，台灣雖然在近年來以更積極的
態度來吸引僑外投資，但其金額或比率仍無大幅成長的趨勢。

表4-10　僑外投資金額及其對GNP的比率

單位：百萬美元；%

年度	僑外人投資			GNP (4)	僑外資對GNP比率 (3)/(4)×100
	華僑 (1)	外國人 (2)	合計 (3)		
1960	1.1	14.3	15.5	1,717	0.90
1970	29.7	109.2	138.9	5,660	2.45
1980	222.6	243.4	466.0	41,360	1.13
1990	220.1	2,081.7	2,301.8	164,076	1.40
2000	50.4	7,557.4	7,607.7	313,908	2.42
2002	45.0	3,226.8	3,271.7	289,272	1.13

資料來源：經濟部投資審議委員會，《中華民國核准華僑及外國人投資統計年報》，各期。

二、產業別部分

工業部門(尤其是製造業)一直是最受獎勵投資條例及促進產業升級條例所青睞，歷年來政府也提供特定的協助措施，希望帶動工業部門的發展。但以工業部門GDP占所有產業GDP的比重來觀察工業部門的發展時(表4-11)，可以發現1980年代以前工業的比重呈現成長的趨勢，即從1962年的21.33%成長至1981年的45.47%，但在1980年代以後卻呈現逐步降低情形，至2003年時更已降低至30.38%，遠低於服務業的67.79%。雖然工業部門對經濟成長的貢獻，平均仍較農業為高，卻愈來愈不如服務業。

在吸納就業的比重方面，歷年產業的就業結構中，工業部門的就業人數，同樣地在1980年代達到高峰(1981年工業部門就業人數約占總產業就業的42.2%)，之後便持續下降，未能維持其在產業結構中的領導地位。反觀服務業在租稅減免上雖未受

到重視，但其就業的比重亦隨著產值比重的上升而逐漸提升，至2003年服務業部門就業人數已達總就業人數的57.9%。準此，租稅獎勵的運用效益，似乎無法反映在產出比重及就業比重的變化上（表4-12）。

表4-11　台灣產業的產出結構與對經濟成長貢獻變動

單位：%

年別	成長率	農業		工業				服務業	
		結構比	貢獻比	合計		製造業		結構比	貢獻比
				結構比	貢獻比	結構比	貢獻比		
1962	7.90	32.28	0.84	21.33	2.28	14.82	1.31	46.38	4.78
1971	12.90	13.07	0.25	38.94	6.52	31.47	5.44	47.99	6.13
1981	6.16	7.30	-0.04	45.47	2.65	35.58	2.49	47.23	3.55
1991	7.55	3.79	0.08	41.07	2.68	33.34	2.11	55.14	4.79
2001	-2.18	1.95	-0.05	31.09	-2.06	25.57	-1.62	66.96	-0.07
2003	3.24	1.82	-0.01	30.38	1.60	25.54	1.63	67.79	1.65

資料來源：行政院主計處，《中華民國臺灣地區國民所得統計》，各期。

表4-12　台灣產業的就業結構變動

單位：%

年別	農業	工業		服務業
		合計	製造業	
1961	49.8	20.9	15.0	29.3
1971	35.1	29.9	22.2	35.0
1981	18.8	42.2	32.2	39.0
1991	12.9	40.1	31.0	47.0
2001	7.5	36.0	27.6	56.5
2003	7.3	34.8	27.1	57.9

資料來源：行政院主計處，臺灣地區經社觀察表，網址 www.dgbas.gov.tw。

　　至於在出口結構方面，1961年工業產品的出口金額占總出
口金額的比重爲40.9%，在多年鼓勵出口政策的推動下，2003年
時台灣工業產品出口金額占總出口金額的比重已達98.5%，農產
品所占比重則愈來愈小；而台灣的出口產品中重化工業產品的
比重，在2003年時更高達75.3%，顯見出口結構已朝資本密集與
技術密集方向升級。由工業部門在台灣出口所扮演的重要地
位，亦可了解政府持續給予工業部門租稅獎勵的原因（表4-13）。

表4-13　台灣出口結構的變動

單位：百萬美元；%

年別	總出口		農產品	農產加工品	工業產品	重化工業產品	非重化工業產品
	金額	比重					
1961	195.2	100	14.8	44.3	40.9		
1971	2,060.4	100	7.9	11.2	80.9		
1981	22,611.2	100	2.6	4.6	92.8	32.2	60.6
1991	76,178.3	100	0.7	4.0	95.3	45.9	49.4
2001	122,866.4	100	0.2	1.4	98.4	71.1	27.3
2003	144,179.5	100	0.3	1.2	98.5	75.3	23.2

資料來源：財政部統計處，《進出口統計月報》，各期。

　　接下來，再就製造業部門的各分項產業進一步觀察。在第三
章我們曾歸納歷年產業別租稅獎勵重點爲：1960年是紡織業、金
屬基本工業等民生工業爲主；1970年代爲鋼鐵、石化、電機、電
子工業等資本密集及技術密集產業；1980年代爲機械及電子資訊
等策略性工業；1990年爲通訊、資訊、消費性電子、半導體等十
大新興工業；2000年的獎勵重點則轉以3C、精密電子等新興產品

或技術為主;「挑戰2008國家發展重點計畫」中,則強調的兩兆雙星、文化創意產業及重點技術服務業。為推動策略性產業發展,政府所採行的政策工具主要為租稅減免、金融協助、研發補助等,對象包括新興重要策略性產業、科學工業等(表4-14)。

表4-14　政府推動策略性產業發展的政策工具

政策工具	實際措施
租稅減免	新興重要策略性產業股東投資抵減或五年免稅。
金融協助	行政院開發基金提供資金協助。 創投事業資金投入。 優惠貸款。例如,數位內容及文化創意產業優惠貸款要點。
研發補助、技術輔導	主導性新產品開發輔導辦法。 加強科專經費在重點發展領域的投入。
行政協助	成立專案辦公室專責推動(例如,兩兆雙星推動辦公室)。 加強培訓人才、成立特定產業學院(例如,半導體學院、數位內容學院)。 建立產業聚落(例如,設置科學工業園區、南港生物技術產業區)。

在政策的實施成效方面,若從製造業生產淨值結構比重觀察(表4-15),則我們可以發現1960年代的獎勵重點的食品及紡織業,在1970年的確成為製造業生產的主力,約分別占所有製造業的10.07%及20.09%,但在1980年代後此等產業則逐漸沒落,至2001年時比重已分別下降至4.88%及4.21%。1970年代以後重點獎勵的鋼鐵、石化、電機、電子工業等,由於政策上持續給

表4-15　台灣製造業的生產淨值結構

單位：%

年別 行業別	1971	1981	1991	2001
食品業	10.07	5.29	7.44	4.88
菸草業	2.76	1.72	0.27	0.14
紡織業	20.09	17.54	5.79	4.21
成衣及服飾品業	2.76	3.63	3.67	0.88
皮革毛皮及其製品業	0.38	0.76	1.46	0.33
木竹製品業	4.32	3.11	1.43	0.23
家具及裝設品業 *			1.36	0.43
紙漿、紙及紙製品業*			2.13	1.68
印刷及其有關事業	3.29	1.95	1.40	1.22
化學材料業	5.43	8.39	6.94	10.4
化學製品業	3.32	1.95	2.23	2.26
石油及煤製品業	5.35	5.66	3.26	4.61
橡膠製品業	1.73	1.62	1.49	0.76
塑膠製品業	7.69	5.15	6.67	3.61
非金屬礦物製品業	3.97	3.43	3.55	2.51
金屬基本工業	6.20	4.20	7.68	9.78
金屬製品業	1.06	1.42	6.60	4.37
機械設備業	4.20	3.17	5.10	4.12
電力及電子機械器材業	11.78	19.61	19.71	37.16
運輸工具業	4.30	6.92	6.81	4.24
精密器械業	0.08	0.64	1.25	0.80
雜項工業	1.22	3.00	3.76	1.41

＊：1981年前併入其他相關項目，並未單獨統計。

資料來源：經濟部統計處，《工業生產統計月報》，各期。

予支援,使此等產業一直維持其在製造業中的地位,其中電力及電子機械器材業的比重更由1971年的11.78%,提升至2001年的37.16%高比重水準。

如果將焦點放在1980年代以來租稅獎勵的重點「電力及電子機械器材業」及「機械設備業」的發展上,則電力及電子機械器材業占製造業生產淨值的比重從1971年的11.78%,提升至2001年的37.16%,成長速度高於其他製造業,而其出口占製造業出口的比重,也從1991的27.81%,提升至2001年的45.81%(表4-16),成為台灣出口產品的最大宗,由此產業的發展趨勢約略可觀察出政策的投入確實與產業的發展呈正相關。

然而,在機械設備業部分,該業的生產淨值占製造業生產淨值比重,經過30年的發展,仍維持在3%至5%的水準;1989年該業的出口金額占製造業出口比重為5.93%,經過多年的政策推動,其比重仍維持在7%左右的水準。此例顯示政策的重點支持,似乎與產業發展並不具有絕對的關係(表4-15,表4-16)。是以,產業政策的實施,在不同業別間會產生不同的效果,而產業政策的推動與產業發展的關係事實上並不明確。

綜言之,如簡單由產業的生產及出口結構,並無法觀察出租稅獎勵等政策工具與產業發展具有絕對正向的關係。產業政策的實施,在部分產業(例如,電力及電子機械器材業)具有正向的相關,但部分產業(例如,機械設備業)則無法觀察出正向的相關,故產業政策的推動與產業發展的關係事實上並不是十分明確的。

表4-16　台灣製造業的出口結構

單位：%

業別＼年別	1989	1991	1996	2001
食品業	3.84	3.89	3.09	1.37
菸草業	0.02	0.02	0.00	0.00
紡織業	11.53	12.05	9.77	7.45
成衣及服飾品業	4.56	3.79	3.13	2.23
皮革毛皮及其製品業	3.75	2.84	1.46	0.86
木竹製品業	1.68	1.19	0.59	0.26
家具及裝設品業	3.00	2.73	1.94	1.52
印刷及有關事業	0.58	0.80	0.82	0.63
紙漿、紙及紙製品業	0.19	0.19	0.17	0.15
印刷及其有關事業	2.77	3.21	4.40	5.21
化學材料業	0.87	1.17	1.63	1.74
化學製品業	0.61	0.57	0.89	1.44
石油及煤製品業	0.76	0.74	0.82	0.62
橡膠製品業	7.76	6.85	4.45	3.45
非金屬礦物製品業	1.90	1.64	1.01	0.84
金屬基本工業	2.76	2.43	3.59	4.39
金屬製品業	5.62	5.77	5.84	5.32
機械設備業	5.93	6.19	7.23	6.86
電力及電子機械器材業	27.81	28.97	38.68	45.81
運輸工具業	4.29	4.87	4.72	3.84
精密器械業	2.35	2.52	2.04	2.59
雜項工業	7.44	7.56	3.75	3.43

資料來源：財政部統計處，《進出口統計月報》，各期。

三、功能別部分

(一)自動化與電子化

1980年代由於新台幣升值及勞動成本增加等經濟環境的改變，台灣開始重視生產自動化，而提供相關低利融資、人才培訓等措施，並於1982年成立生產自動化執行小組負責推動產業的自動化。在租稅減免措施部分，政府自1971年起便給予企業設備更新加速折舊的獎勵，1991年促進產業升級條例實施時才正式區分機械設備為自動化設備、污染防治或研究與發展等設備或技術，給予個別的投資抵減獎勵。

鑒於科技的進步與電子資訊的發展，政府積極推動產業電子化，以加強產業間上下游的整合，期使廠商能夠快速反應市場的需求。目前政府推動產業自動化及電子化的措施，除租稅獎勵外，尚有低利融資、技術諮詢協助與輔導以及制訂電子化標準等環境建構的工作(表4-17)。

在租稅獎勵方面，台灣首度提供電子化租稅獎勵係源於「西元兩千年資訊年序危機緊急應變方案」，為使公司能夠順利調整設備因應年序的變動問題，經濟部依據促進產業升級條例「公司研究與發展、人才培訓及建立國際品牌形象支出適用投資抵減辦法」，增訂公司自1999年1月1日至1999年12月31日相關的投資經費得視同研究與發展支出，適用投資抵減的優惠。之後，於2000年1月1日至2001年12月31日的2年間，公司從事導入企業間電子化或配合企業間電子化所從事企業內電子化所發生之經

費，亦得視同研究與發展支出，適用投資抵減的優惠。目前公司電子化的支出，得依促進產業升級條例第六條就網際網路及電視功能、企業資源規劃、通訊及電信產品、電子、電視視訊設備及數位內容產製等提升企業數位資訊效能的硬體、軟體與技術等，可以享有5%至20%的投資抵減獎勵[2]。

表4-17　政府目前推動產業自動化、電子化的政策工具

政策工具	實際措施
租稅減免	促進產業升級條例第六條，5%至20%投資抵減。
金融協助	購置自動化設備優惠貸款。 中小企業相關優惠貸款、信用保證。
研發補助、技術輔導	製造業及技術服務業公司間電子化輔導辦法、輔導計畫。 製造業自動化技術能力提升計畫。 製造業電子化應用推廣計畫。
行政協助	成立 NII 推動小組，負責法規建置。 金融交易、稅捐稽徵、通關作業、郵政、電信等環境配合。 加強宣導。 加強培訓人才。

2　電子化可包括企業-消費者間、企業-企業間、及消費者-消費者間三類，目前促進產業升級條例所提供的租稅獎勵僅包括企業間及因企業間電子化所從事企業內電子化所發生之經費；「製造業及技術服務業公司間電子化輔導辦法」中，並將公司間電子化定義為「運用網際網路、資訊科技及企業流程改造之技術，將公司內核心流程與資源及其他公司往來之交易資料與流程數位化與自動化，有效整合公司內外整體應用資訊系統之過程及手段」。

依據經濟部統計處2002年所做的「製造業自動化及電子化調查」，企業均認為投資自動化，不管在人力節省、生產效率提高及產品不良率的降低等方面，都可獲得不錯的效益(表4-18)，其中並以資訊電子工業廠商平均每家所獲得的效益最高。是故，政府協助企業投入自動化，的確會對於產業的升級有所幫助。

表4-18　投資自動化的效益──2002年

	自動化之效益			平均每家所獲得之效益		
	節省人力(%)	產能增加(%)	降低不良率(%)	節省人力(萬元)	產能增加(萬元)	降低不良率(萬元)
製造業	9.81	17.27	8.02	928	7,860	1,034
金屬機械工業	8.49	15.33	10.29	347	5,462	407
資訊電子工業	10.40	20.63	7.39	1,360	12,000	1,606
化學工業	9.99	16.60	9.03	828	5,937	925
民生工業	9.40	13.39	4.79	986	4,409	731

資料來源：經濟部統計處(2003)，《2002年製造業自動化及電子化調查》。

至於台灣歷年來推動產業自動化的成效，則可由歷次經濟部統計處的生產自動化調查報告中觀察(表4-19)。代表企業內部自動化設備占所有機械設備總值的比──自動化設備值比，由1985年的25.0%提升至1996的62.08%，乃至2002年的71.42%。不到20年間，自動化比例成長近2倍，顯見台灣企業自動化成長速

度頗快，其中並以資訊電子工業的自動化設備值比成長速度最
快，且自動化程度最高。

表4-19　自動化設備值比

單位：%

年別	自動化設備價值/機械設備總值 （設備值比）					
	製造業	電子電機業	機械業	紡織業	塑膠加工業	食品加工業
1985	25.0	15.0	32.0	24.0	47.0	48.0
1986	27.0	18.0	29.0	28.0	48.0	56.0
1987	31.0	23.0	33.0	30.0	53.0	58.0
1989	54.5	62.3	42.7	46.3	49.3	69.2
	製造業	金屬機械工業	資訊電子工業	化學工業	民生工業	
1991	56.07	61.65	54.08	59.81	45.70	
1993	58.30	62.05	60.84	63.27	47.33	
1995	61.24	66.17	67.26	62.36	49.77	
1996	62.08	67.53	67.69	63.27	50.08	
1997	64.39	67.66	68.91	65.28	54.07	
1998	65.01	67.86	68.91	66.40	54.79	
1999	65.27	68.06	70.98	64.78	54.44	
2000	66.34	67.90	72.29	65.94	54.90	
2001	70.82	64.72	81.70	63.58	61.43	
2002	71.42	64.15	82.15	64.16	61.35	

資料來源：經濟部統計處，《生產自動化調查報告》，各期[3]。

　　若從平均每位員工所使用的自動化設備──即設備密集
度，觀察政府推動自動化的成效時，則製造業自動化設備密集度

3　2001年起此項調查擴大為《製造業自動化及電子化調查報告》。

從1991年的121.81萬元/人，提高至2002年的543.72萬元/人，每年均呈現快速的成長，顯現台灣產業自動化的程度愈來愈高，也確實朝政策推動的方向發展。其中，化學工業是四大產業中最為資本密集的產業(802.02萬元/人)，其次為資訊電子工業(609.94萬元/人)，再其次才是金屬機械工業(410.12萬元/人)，民生工業則是最為勞力密集的產業(289.28萬元/人)(表4-20)。

表4-20　自動化設備密集度

單位：萬元/人

年別	自動化設備總值/(直接)員工人數* (設備密集度)					
	製造業	電子電機業	機械業	紡織業	塑膠加工業	食品加工業
1985	24.2	15.8	36.0	28.4	13.1	20.3
1986	27.7	19.2	31.6	36.9	14.4	26.5
1987	32.6	24.1	34.9	41.6	20.5	35.6
1989	41.7	31.0	34.7	64.1	57.4	29.1
	製造業	金屬機械工業	資訊電子工業	化學工業		民生工業
1991	121.81	110.77	58.88	252.07		88.47
1993	131.92	137.23	77.36	258.33		99.02
1995	162.41	182.62	90.84	285.95		123.21
1996	177.99	201.64	105.06	304.25		134.68
1997	196.90	216.20	153.25	301.54		153.93
1998	223.79	234.10	191.49	326.40		173.63
1999	254.57	246.53	216.91	415.77		210.47
2000	299.46	262.98	282.13	479.30		233.35
2001	493.71	383.03	531.90	757.87		273.52
2002	543.72	410.12	609.94	802.02		289.28

＊設備密集度的計算，1991年前為自動化設備總值/員工人數，1991年以後改為自動化設備總值/直接員工人數。

資料來源：同表4-19。

在企業電子化成效方面，由於運用租稅獎勵鼓勵企業投入電子化係自1999年公司處理2000年資訊年序問題適用研究與發展投資抵減獎勵之後才開始，尚無較長時間的統計資料可以觀察電子化獎勵的成效。目前僅有經濟部統計處所作的「製造業自動化及電子化調查」，可用以約略了解製造業電子化的現況如下：

1. 2002年製造業者有使用互聯網（internet）從事商務行為者占55.41%。

2. 2002年製造業者透過互聯網進行採購金額為1,741億元，較2001年增加838億元或增加92.80%，占2002年採購總金額6.01%；2002年製造業者透過互聯網進行銷售金額為2,747億元，較2001年增加652億元或增加31.12%，占2002年銷售總金額的5.89%。

綜合以上的資料我們可以發現，雖自動化投資抵減在1992至2001年這段期間所犧牲的租稅收入相對較其他功能性獎勵項目為高，但台灣產業自動化的程度也確實愈來愈高，朝政策推動的方向發展。

（二）環境保護

鑒於企業對於環境保護相關投入對於整體經濟具有外部效益，故政府自1977年起便透過租稅減免的方式提供產業相關支出的獎勵（表4-21）。目前促進產業升級條例就防治污染所提供的租稅減免項目包括資源回收、防治污染、工業用水再利用、溫室氣體排放量減量等設備或技術購置投資抵減，希望藉此帶動企業投入這些項目。

表4-21　台灣歷年鼓勵環境保護的租稅獎勵

獎勵措施		開始適用時間
購置防治污染設備，免徵進口稅捐(#21)。	獎勵投	1977 年 7 月
未分配盈餘轉增資購置防治污染設備，免計入所	資條例	1981 年 1 月
得課稅(#13)。		1981 年 1 月
防治污染設備，得享 2 年加速折舊(#47)。		1983 年 4 月~1983 年 12 月
購置防治污染設備可抵減 20%(#10)。		1986 年 7 月~1990 年 12 月
防治污染的研究與發展費用超過過去 5 年最高部分可抵減 20%(#34)。		1984 年 12 月~1990 年 12 月
購置防治污染設備或技術可抵減 20%(#6)。	促進產	1980 年起
購置資源回收設備或技術可抵減 20%(#6)。	業升級	1985 年起
購置工業用水再利用設備或技術可抵減 20%(#6)。	條例	1985 年起
購置溫室氣體排放減量設備或技術可抵減 20%(#6)。		2000 年起

註：括號內數據(#)為所屬法令規定的條次。
資料來源：張慶輝(1989)，1990 年以後本研究整理。

　　除租稅獎勵外，現行台灣的環保政策工具尚可包括收費、押金退費、金融誘因、企業責任強化及環保標章制度的推行等（表4-22）。不過由於污染將涉及環境危害，故目前行政院環保署亦實施相關的管制措施，包括排放費、產品費、使用費的徵收，以及實施差別價格等，希望能藉以降低相關污染行為的數量，改善整體環境品質。

　　歷經多年污染防治租稅獎勵的提供，1992至2001年平均每年環保相關（污染防治、資源回收、工業用水再利用）投資抵減減免的稅額約為5億元，租稅獎勵抵免件數或金額似乎沒有顯著

表4-22　政府推動環境保護的政策工具

政策工具	實際措施
租稅減免	促進產業升級條例第六條，5%至20%投資抵減。
金融協助	購置防治污染設備專案貸款。 中小企業相關優惠貸款、信用保證。
研發補助、技術輔導	經濟部工業局環保產業發展輔導計畫。 環保技術輔導計畫。 綠色生產力推廣與國際交流計畫。 資源化工業輔導計畫。 清潔生產推動輔導計畫。 工業廢棄物共同清除處理計畫。 工業用水效率提昇輔導與推廣計畫。
行政協助	工業污染防治技術服務團。 企業責任宣導、全民參與回饋式資源回收宣導。 環保標章。 工業永續精銳獎。 環保資訊宣導。 污染防治人才培訓管理維護計畫。
其他管制措施	排放費、產品費(水污染防治費，機場落地費，徵收空氣污染防制費)。 使用費(污水下水道使用費，一般廢棄物、事業廢棄物清除處理費，工業廢水處理費)。 差別價格(無鉛汽油訂價低於含鉛汽油，無鉛汽油免課空氣污染防治費)。

資料來源：行政院環保署(1998)，《國家環境保護計畫》；經濟部工業局(2003)，《經濟部工業局專案計畫簡介》。

成長，是以政府利用租稅獎勵刺激廠商在環境保護領域投資的成效並不顯著。不過，在整體推動環境保護的政策工具效益方面，如由歷年環保單位受理陳情案件趨勢觀察，有關工業的陳

情案件比例,從1992年的34%下降至2002年的22%,工業部門環境保護的工作,似乎可以看出些許的績效(圖4-2)。

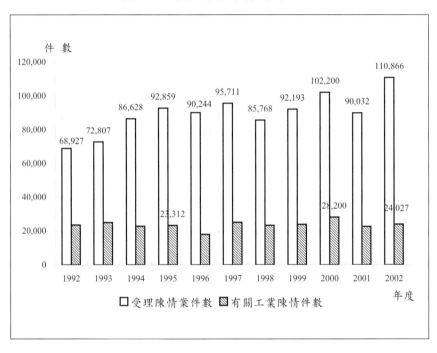

圖4-2　環保陳情案件趨勢

（三）節約能源

1970年代兩次石油危機,使各國開始重視節約能源的重要性,另鑒於能源是耗竭性、共同使用的資源,節約能源將能產生外部效益。台灣自1977年開始提供購置節約能源設備

免進口稅捐的租稅獎勵,並陸續增加加速折舊及投資抵減的
租稅優惠(表4-23)。

表4-23 台灣歷年鼓勵節約能源的租稅獎勵

獎勵措施		開始適用時間
購置節約能源設備,免徵進口稅捐(#21)。	獎勵	1977 年 7 月起
未分配盈餘轉增資購置節約能源設備,免計入所得課稅(#13)。	投資 條例	1981 年 1 月起
節約能源設備,得享 2 年加速折舊(#46)。		1981 年 1 月起
購置節約能源設備可抵減 20%(#10)。		1981 年 7 月~1982 年 6 月
		1983 年 4 月~1983 年 12 月
		1985 年 7 月~1988 年 6 月
		1988 年 7 月~1990 年 12 月
節約能源的研究與發展費用超過過去 5 年最高部分可抵減 20%(#34)。		1984 年 12 月起
節約能源或替代能源設備加速折舊(#5)。	促進	1990 年起
購置節約能源設備或技術投資抵減(#6)。	產業	1995 年起
購置新及淨潔能源、提高能源使用效率的設備或技術投資抵減(#6)。	升級 條例	2000 年起

註:括號內數據(#)為所屬法令規定的條次。
資料來源:張慶輝(1989),本研究更新。

目前政府除利用促進產業升級條例提供企業利用新及淨潔
能源、提高能源使用效率的設備或技術投資抵減及加速折舊的
租稅獎勵,以及相關低利融資協助外,針對工業部分,並透過
下列措施推動節約能源及能源效率提升的工作(表4-24):

1. 建立新設廠能源效率指標。分期訂定主要產品及設備之
能源效率指標、引進可應用之高效率技術。

2. 執行能源用戶查核制度。實地查核國內前100大能源用戶能源效率，輔導能源大用戶建立能源查核制度，訂定節約能源目標及執行計畫。

3. 推動產業自發性節約能源。輔導鋼鐵、石化、水泥、造紙及人纖等產業加強推動節能計畫，以提高能源效率及降低生產成本。

4. 加強節約能源技術服務。提供中小企業有關節能技術諮詢、檢測診斷、規劃設計、工程改善及技術引進等輔導，推動建立節約能源服務業，以協助改善工廠操作與能源使用效率。

表4-24　政府推動節約能源的政策工具

政策工具	實際措施
租稅減免	促進產業升級條例第五條，加速折舊。 促進產業升級條例第六條，5%至20%投資抵減。 促進產業升級條例第八條，新興重要策略性產業獎勵。
金融協助	購置節約能源設備優惠貸款。 中小企業相關優惠貸款、信用保證。
研發補助、技術輔導	再生能源發展方案（獎勵業者開發新技術及產品）。 太陽光電、風力發電示範系統及太陽能熱水系統等設置補助辦法。 全面節約能源及提升能源效率推動計畫。
行政協助	建立新設廠能源效率指標。 執行能源用戶查核制度。 推動產業自發性節約能源。 加強節約能源技術服務。 教育宣導、示範展示、節能標章等。

資料來源：經濟部能源委員會（2002），《能源白皮書》。

在節約能源投資抵減獎勵方面,現有的統計資料中,廠商申請節約能源投資抵減件數及金額均是各項投資抵減最少的一項。在節約能源成效部分,1981至2001年間,台灣各部門的能源最終消費結構可參閱表4-25。整體來說,工業部門為最主要的能源耗用者,雖然其所占比重隨產業結構調整、運輸工具普及而略為降低;但2001年各部門能源消費結構比重仍以工業部門居首57.1%,農業部門居末1.6%。

表4-25 部門別能源最終消費比例

單位:%,萬公秉油當量

部門 年別	工業	運輸	農業	住宅	商業	其他	能源最 終消費
1981	63.3	12.7	3.3	10.4	2.3	8.1	2,852
1986	62.6	13.1	3.1	10.9	2.5	7.8	3,922
1991	57.3	15.6	2.5	11.8	4.1	8.6	5,519
1996	54.3	17.8	2.1	12.3	5.0	8.5	7,226
2001	57.1	15.4	1.6	12.1	5.8	8.0	9,483

資料來源:經濟部能源委員會(2002),《能源白皮書》。

能源生產力係衡量使用每一單位能源所生產的附加價值。在1974年以前,台灣能源生產力均在82元/公升油當量以上,但在二次石油危機期間,因政府持續推動基礎建設使得能源消費快速增加,致使能源生產力逐漸降低,並於1980年降至最低水準的70.6元/公升油當量。之後,隨國內經濟快速成長,能源生產力亦迅速回升,1996年增至106.3元/公升油當量,惟2001年則降為98.9元/公升油當量(圖4-3)。雖然台灣能源生產力高於韓

國、美國，但仍更遠低於日、德、英等先進國家[4]。

圖4-3　台灣能源生產力的變動

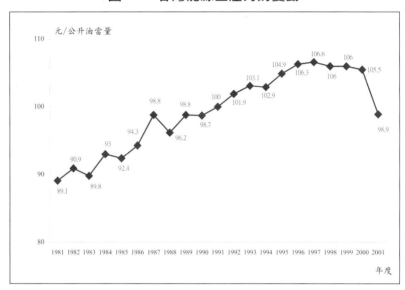

資料來源：經濟部能源會(2002)，《能源白皮書》。

　　經濟部能源會(自2004年7月1日正式改為能源局)分析近年來台灣能源生產力不升反降的原因，包括：(1)近年來國內石化、鋼鐵等產業的投資大幅增加，產業結構中部分業別有多用能源的傾向，對降低能源密集度與提高能源生產力有負面的影

　4　1997年台灣能源生產力為3.54美元/公升油當量，高於韓國的2.33、美國的3.07；但低於日本的6.49、德國的5.28、英國的4.83。

響；(2)生產與景氣經常存在時間落差，景氣雖然轉換，但廠商仍生產前期訂單，故能源需求受生產作業流程與製程影響，調整速度不及景氣變化速度快；(3)能源需求價格占生產廠商的成本比例低，全球景氣不佳時，勢必影響廠商投資節能設備的意願，進而影響能源生產力表現；(4)國內多中小企業，資金不足，於建廠階段大多以能滿足生產為考量，並未優先考慮採用價格較高之節約能源設備，在生產階段亦多注重在撙節成本；及(5)台灣能源價格偏低，使節能改善之經濟效益不顯著等。是故，藉由租稅獎勵等工具協助企業節約能源的工作，政府應再加把勁。

(四)國際品牌的建立

　　品牌的建立，有助於產品附加價值的提升、增加產品競爭力，然行銷管道的建立與品牌的建立需要龐大資金投入，且成效極具不確定性，故廠商往往對於品牌的經營，採取保守的態度。這也是台灣的製造產品雖具有一定的品質水準，卻長期處於替大廠牌代工的地位，賺取有限利潤的原因。

　　為鼓勵台灣廠商從事自創品牌，提高國家產品形象，經濟部在1990年推動第一個5年期「全面提昇產品形象計畫」時，便與財政部共同訂定「自創品牌貸款要點」，並設置「自創品牌貸款信用保證基金專戶」作為信用擔保，交由財團法人中小企業信用保證基金提供國內金融機構作為承貸自創品牌貸款信用保證之用；另於1990年促進產業升級條例訂定公布時，首度提供「建立國際品牌形象支出」投資抵減優惠，公司在國際市場為推廣其自創並依法向政府請准註冊的商標或服務標章支出，得享有租稅優惠。

　　本項國際品牌建立的投資抵減，雖未以出口實績為獎勵要件，但可能被貿易對手國認定為與出口有密切的關係，而歸為「禁止性補貼」項目，故1999年12月30日的促進產業升級條例修正條文遂將此項投資抵減項目刪除。本獎勵項目自1991年開始實施至1999年止的10年時間中，申請的廠商每年均在100家以內，相對於自動化設備投資抵減，本項獎勵措施似乎較少為業者所運用。事實上，台灣歷年來均以製造擅長，產品的設計及行銷能力較弱，而由政府相關措施也可以看出政府對於產品市場端的協助措施確實較少(表4-26)。

表4-26　政府推動國際品牌建立的政策工具

政策工具	實際措施
租稅減免	無(1991 至 1999 年間曾給予投資抵減獎勵)。
金融協助	自創品牌貸款。 信用保證。
研發補助、技術輔導	經濟部提升企業品牌化能力方案(辦理人力培訓、研討會)。
行政協助	設置國家品質獎。 協助台商發展國際通路、海外考察。 蒐集通路資訊。 興建國際展覽館。

(五)研究與發展及人才培訓

　　一般而言，研究與發展依實用程度高低可分為技術發展、應用研究及基礎研究三類。由於研究與發展投入需時甚久且投

入甚大，各國均基於下列理由給予獎勵或支援：

　　1. 研究與發展具有風險性；

　　2. 研究與發展的利益多不具排他性；

　　3. 高科技研究與發展計畫所需經費龐大；及

　　4. 基礎研究深具外部經濟效果。

　　在台灣，政府也相當重視企業研究與發展及強調人才的重要性，為協助產業進行研究與發展、人才培訓的工作，除提供租稅減免外，補助企業研與發展計畫、進行技術輔導更是重點工作。例如，行政院國科會每年均編列科技經費，透過各部會補助企業界、學術界的基礎與應用的研究與發展計畫（表4-27）。

　　在租稅獎勵方面，台灣獎勵投資條例立法初期，並未特別重視研究與發展活動，只有在所得稅法查核準則中，針對營利事業推廣業務，改進生產技術，發展新產品而支付的相關經費，不超過當年度營業收入總額2%者，得核實認定的簡便處理。政府重視研究與發展而給予大幅租稅獎勵，則是開始於1977年7月26日獎勵投資條例修訂時，提供以下四項獎勵措施：

　　1. 進口國內無產製專供R&D機器設備，免進口關稅；

　　2. 供R&D用的機器設備適用加速折舊；

　　3. R&D費用得在當年課稅所得中減除；及

　　4. 取得專利的創作發明提供生產事業的權利金免納所得稅。

　　1980年修正獎勵投資條例時，增列適用5年免稅或加速折舊獎勵的生產事業，每年實支研究與發展費用不得低於當年度營業額的規定比例，低於該比例時，應繳交差額予研究與發展基金的規定。不過該項偏向限制性的作法，在獎勵投資條例實

表4-27　政府目前推動研究與發展、人才培訓的政策工具

政策工具	實際措施
租稅減免	促進產業升級條例第五條，研究與發展設備加速折舊。 促進產業升級條例第六條，35%限度內投資抵減。 取得專利的創作發明提供國內公司的權利金免納所得稅。
金融協助	促進產業研究與發展貸款辦法。
研發補助、技術輔導	經濟部科專計畫(業界科專、學界科專、中小企業科專計畫)。 經濟部主導性新產品開發輔導辦法。 經濟部協助國內傳統產業技術升級計畫。 經濟部推動工業合作專案計畫。 國科會一般專題研究計畫、產學合作研究計畫。 工研院、生技中心、精密機械、塑膠、自行車等研究機構及技術輔導單位。
行政協助	創新育成中心。 引進技術人員之公民營事業聘雇外國專門性工作人員暨僑外事業主管許可及管理辦法。 大陸地區產業技術引進許可辦法。 勞委會職訓局與經濟部工業局舉辦之訓練計畫。 經濟部協助國內民營企業延攬海外產業專家返國服務暫行作業要點、加強海外人才延攬。 行政院青輔會設置博士後短期研究人員。 國科會補助延聘博士後研究人才、補助延攬科技人才等。

施屆滿後便不再訂定，改採鼓勵性與輔導等作法。

　促進產業升級條例延續獎勵投資條例對於研究與發展的重視，除持續提供研究與發展投資抵減、加速折舊等獎勵外，並繼續運用行政院開發基金，以協助推動研究與發展的相關計畫。新興重要策略性產業的租稅獎勵適用門檻，亦由單純投資

金額的門檻，放寬為業者研究與發展投入達一定比例者亦得適用該項獎勵的優惠（表4-28）。

表4-28　台灣歷年鼓勵研究與發展、人才培訓的租稅獎勵

獎勵措施		開始適用時間
營利事業研究與發展費用不超過當年度營業收入總額 2%者，准核實認定，超過當年度營業收入總額 2%者，得遞延以後年度仍依規定限額認列。	所得稅法查核準則	1973 年 12 月至 1982 年 3 月
R&D 費用得在當年課稅所得中減除。	獎勵投資條例	1977 年 7 月
進口國內無產製專供 R&D 機器設備，免進口關稅。		1977 年 7 月
供 R&D 用的機器設備適用加速折舊。		1977 年 7 月
取得專利的創作發明提供生產事業的權利金免納所得稅。		1977 年 7 月
研究與發展費用超過過去 5 年最高部分可抵減 20%。		1984 年 12 月
研究與發展儀器設備加速折舊。	促進產業升級條例	1990 年 12 月起
研究與發展、人才培訓投資抵減。		1990 年 12 月起
取得專利的創作發明提供國內公司的權利金免納所得稅。		1990 年 12 月起

資料來源：張慶輝(1989)，1990 年以後本研究更新。

　　至於人才培訓方面，鑑於優質的勞動力亦為經濟發展重要的因素，人才的培訓、教育和研究與發展同樣存在外部經濟效果，台灣政府為鼓勵企業加強提高內部人力素質，自1990年起於促進產業升級條例公布時，比照研究與發展支出提供人才培訓支出投資抵減的租稅獎勵。

　　由前表4-7我們可觀察到廠商近年來申請研究與發展及人才培訓投資抵減的金額有愈來愈多的趨勢，研究與發展減免的稅額更高居各項功能別獎勵的第二大項目；適用金額的增加，一方面可能因為申請的門檻逐漸降低，另一方面也可能因為產業發展的趨勢，促使廠商對於研究與發展及人才培訓投入的意願提升。

　　至於在效益方面，可以由台灣研究與發展經費對GDP比率、CHI美國核准專利統計及發明專利申請數等指標來進行觀察。表4-29及圖4-4顯示，近年來台灣不管在研究與發展經費對GDP比率、CHI美國核准專利統計及發明專利申請數上，均呈現穩定成長的趨勢。

表4-29　台灣研究與發展概況

	1990 年	1995 年	1998 年	1999 年	2000 年	2001 年
研究與發展經費(億元)	715	1,250	1,765	1,905	1,976	2,050
研究與發展經費對GDP比率(%)	1.65	1.81	2.0	2.1	2.1	2.2
研究人員數(千人)	46	66	83	87	87	89
平均每人使用經費(萬元)	155	188	213	219	227	230
按經費來源區分(%)						
政府部門	46	44.7	38.3	37.9	37.5	37.0
民間部門	54	55.3	61.7	62.1	62.5	63.0
科學論文(SCI)發表篇數	2,679	6,682	8,605	8,944	9,203	10,635
工程論文(EI)發表篇數	1,499	3,509	4,026	4,690	4,878	5,103
發明專利申請數	19,964	13,936	21,978	22,161	28,451	33,392
美國核准專利數	－	2,087	3,100	3,693	4,667	5,371

資料來源：行政院國家科學委員會，《中華民國科學技術統計要覽》，各期。

圖4-4 歷年經濟部專利核發件數

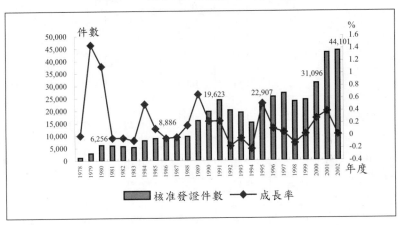

資料來源：經濟部智慧財產局網站。

　　若從各產業之公民營企業的研究與發展投入進行觀察（表
4-30），則可以發現製造業研究與發展經費對營業額的比率普遍
較農林漁牧業及服務業等非製造業為高，而製造業中又以電力
及電子機械器材製造業投入研究與發展的比率最高。由這些產
業在出口市場表現較為優異的情況來看，這也可以說明產業如
要維持一定的競爭力，研究與發展是絕對重要的投入活動。此
外，2002年台灣企業研究與發展經費對營業額的比率1.17%，仍
遠較美（2.77%）、日（3.10%）、韓（2.42%）等國家為低，故政府在
未來仍應持續鼓勵企業投入研究與發展的工作。

　　綜合本節的分析，在整體投資環境部分，我們由歷年固定
資本形成成長率的趨勢或吸引僑外投資的金額來觀察，即可發
現產業政策的推動也不必然與僑外投資呈正向的關係。由於

表4-30 公民營企業研究與發展經費對營業額的比率

單位：%

	1980年	1985年	1990年	1995年	2000年	2002年
總計	**0.41**	**0.46**	**0.97**	**1.02**	**1.10**	**1.17**
非製造業	--	--	**0.19**	**0.19**	**0.42**	**0.41**
製造業	**0.46**	**0.54**	**0.92**	**1.01**	**1.14**	**1.22**
食品製造業	0.47	0.15	0.53	0.37	0.39	0.37
飲料及菸草業	0.39	0.03	0.28	0.35	0.51	0.66
紡織業	0.15	0.20	0.52	0.39	0.35	0.23
成衣及服飾品業	0.37	0.08	0.24	0.24	0.15	0.15
皮革毛皮及其製品業	--	0.11	0.06	0.82	1.11	1.01
木竹製品業及非金屬家具製造業[1]	0.02	0.09	0.04	0.05 0.39	0.03 0.30	0.03 0.21
紙漿及紙製品、印刷及有關事業[2]	0.33	0.19	0.20	0.26 0.12	0.14 0.18	0.15 0.08
化學材料業	0.36	0.37	0.88	0.58	0.56	0.57
化學製品業	0.82	0.83	0.86	1.26	1.55	1.39
石油及煤製品業	0.11	0.04	0.73	0.73	0.44	0.43
橡膠製品業	2.83	0.79	0.27	0.85	0.58	0.70
塑膠製品業	0.91	0.78	0.39	0.56	0.59	0.52
非金屬礦物製品業	0.76	0.79	0.21	0.39	0.28	0.31
金屬基本工業	0.47	0.38	0.33	0.39	0.17	0.20
金屬製品業	0.89	0.57	0.29	0.38	0.24	0.20
機械設備製造修配業	0.17	1.79	0.44	0.92	0.62	0.64
電力及電子機械器材製造業[3]	0.99	1.01	2.53	2.20	1.69 2.42 1.36	1.97 2.85 0.96
運輸工具製造業	0.50	0.92	0.99	0.92	1.43	1.01
精密器械業	0.55	0.57	0.39	1.44	1.54	2.58
雜項工業	0.75	0.63	0.82	0.62	0.52	0.64

註：1. 1995年起木竹製品業及非金屬家具製造業分別由木竹製品業、家具及裝設品業統計。

2. 紙漿及紙製品、印刷及有關事業分別由「紙漿、紙及紙製品」、「印刷及其輔助業」統計。

3. 2000年起電力及電子機械器材製造業分別由「電腦、通信及視聽電子產品」、「電子零組件」、「電力機械器材及設備製造修配業」統計。

資料來源：行政院國家科學委員會，《中華民國科學技術統計要覽》，各期。

各獎勵措施實施的起迄日期不一、稅率也迭經調整，尤其固定資本形成成長率等投資相關指標，除了受到租稅獎勵的影響外，亦會受到國內外經濟情勢、政治環境等因素的影響，故要深入探討某項租稅獎勵措施所帶動投資的成效相當不易。

在產業別部分，如簡單地由產業的生產及出口結構變動，並無法觀察出租稅獎勵等政策工具與產業發展具有絕對正向的關係。產業政策的實施，在部分產業（例如，電力及電子機械器材業）具有正向的相關，但部分產業（例如，機械設備業）則無法觀察出正向的相關，故產業政策的推動與產業發展的關係事實上並非十分明確。

在功能性獎勵的自動化獎勵部分，雖然1992至2001年間政府平均每年投入該項目的減免稅額約為100億元，但企業均認為投資自動化，不管在人力節省、生產效率提高及產品不良率的降低等方面，都可獲得不錯的效益，且代表自動化發展的指標亦逐年提升，這顯示政府協助企業投入自動化，的確會對於產業的升級有所幫助。

至於環境保護、節約能源，以及國際品牌建立部分，由於歷年租稅獎勵抵免件數與金額似乎沒有顯著的成長，故藉由租稅減免促進廠商在這些項目增加投資的成效似乎並不顯著。

在研究與發展方面，近年來申請研究與發展及人才培訓投資抵減的金額有愈來愈多的趨勢，研究與發展減免的稅額更高居各項功能別獎勵的第二大項目。若由台灣研究與發展經費對GDP比率、CHI美國核准專利統計及發明專利申請數等指標觀察，則近年來台灣不管在研究與發展經費對GDP比率、CHI美國

核准專利統計及發明專利申請數上，均呈現穩定成長的趨勢，其中尤以資訊電子工業的表現最為凸出，除了顯示政府產業政策的推動已獲得成效外，並可顯示產業如要維持一定的競爭力，研究與發展絕對是重要的投入活動。

第三節　實施成效的實證評估

本節將藉由相關文獻的回顧，進一步了解台灣運用租稅獎勵的成效。相關文獻的評估並可歸納為四大方向：(1)經濟效益，即探討租稅獎勵引起廠商相關的支出增加後，對它的產量、附加價值等經濟效益有多大的提升作用。(2)稅收效果，即探討租稅獎勵對政府而言是稅收損失，但在誘發廠商相關的支出增加後，肇致所得、利潤甚至股票交易額也跟著增加，最後又會以繳稅的形式回到政府手裡，租稅獎勵後稅收的增加能否彌補先前的稅收損失而具有「自償性」。(3)誘發效果，即探討政府的租稅獎勵對廠商相關的支出或投資有多大的增加效果。(4)信心效果，即了解廠商在進行各項活動時所需政府的協助重點，以及租稅獎勵在業者心目中的角色。以下我們則將就功能別、產業別及整體投資環境等主要獎勵項目進行分析。

一、自動化、電子化獎勵實證結果

1. 在經濟效益方面。藍科正等人(1992)針對廠商所做的問卷調查顯示，自動化生產對廠商在節省人力、不良率改善及產量提升上均有顯著的正面效益。王健全等人(1995)針對基本化

學材料、紙製品、電子零組件、鋼鐵等產業廠商的實證分析顯示，每1元自動化生產設備投入約有0.13元的國民生產毛額產出，或0.05元製造業產值的增加。依據孫克難(1997)的實證研究分析，1992至1994年間的自動化生產對經濟的影響，就國民生產毛額而言，自動化生產對GNP的平均影響程度約0.84%；由製造業產值來看，自動化生產影響製造業產值幅度約為0.33%。

2. 在稅收效果方面，多數文獻以財政部統計的租稅減免稅額，或經濟部工業局統計的申請投資抵減件數金額，觀察租稅獎勵對稅收的直接衝擊，而未估算租稅獎勵可能帶動稅收增加的間接效果。

3. 在誘發效果方面。藍科正等人(1992)針對台灣電子零組件業的問卷調查研究顯示，有關自動化諸多獎勵中，租稅抵減對廠商的影響最大，而廠商每多支出1元於自動化生產設備上，大約有0.28元的支出是來自於租稅獎勵的影響。王健全等人(1995)針對基本化學材料、紙製品、電子零組件鋼鐵等產業廠商的實證分析顯示，租稅獎勵對廠商自動化生產設備的投資影響效果約是4.97%~13.17%，高於人才培訓的3.03%~8.02%及低利貸款的3.37%~8.94%等政府所提供的其他協助措施。但許淑雲(2000)則認為，促進產業升級條例對企業投資自動化影響頗低，政府宜採非租稅獎勵方式誘發投資，以因應國際潮流。

4. 信心效果方面。廠商推動自動化、電子化需要政府協助的重點方面，多數研究以問卷調查所得到的結論均認為政府的輔導、補助，尤其是租稅獎勵，是企業需要政府協助的重點。經濟部統計處2002年所作的「製造業自動化及電子化調查」亦

顯示，租稅獎勵在廠商心目中的重要性高過人才培訓、資訊提供等工具（表4-31）。

表4-31 推動自動化、電子化需要政府之協助（可複選）

單位：%

	2000 年	2002 年
自動化部分		
擴大自動化輔導、補助或租稅獎勵措施	71.82	69.94
協助製造業培訓現有在職自動化工作人員	50.66	46.59
提供國內外自動化技術及案例分析	35.34	25.95
提供工廠實施自動化之經濟效益分析	31.43	25.28
多舉辦績優自動化廠商觀摩	35.07	25.23
擴大自動化實務課程，培養製造業自動化基礎人才	29.02	24.50
建立業者與研究機構及學術單位合作之橋樑	23.44	18.51
協助工廠用地的取得	16.51	9.38
電子化部分		
租稅獎勵/減免	60.13	58.88
經費補助	53.40	56.96
人才培訓	67.34	53.69
電子化輔導	-	30.58
融資優惠	33.32	21.89
標準建立	39.94	21.03
政策宣導/案例觀摩	41.64	19.10
電子化需求診斷	30.18	12.62
法令修訂	22.45	8.65
其他	4.88	0.67

資料來源：經濟部統計處（2003），《2002年製造業自動化及電子化調查》。

綜合相關文獻的研究，多數實證結果顯示，廠商進行自動化設備的投入，的確對於整體經濟或產業本身的產出有所助益；大多數廠商也認同政府所提供的租稅獎勵具有誘因，甚至高於其他人才培訓等政府輔導、協助工具。至於未來在推動自動化或電子化時，政府租稅獎勵的提供或相關補助等措施，仍是業者認為最需要協助的重點。

至於政府透過租稅獎勵的工具，到底可以誘發廠商多少的投資，目前所觀察到的實證文獻中，只有藍科正等人(1992)、王健全等人(1995)依據問卷調查研究顯示廠商電子化投入確實受租稅獎勵的影響，建議本項獎勵措施應予保留。不過，亦有部分研究報告，如孫克難(1998)、許淑雲(2000)認為租稅獎勵對企業投資自動化影響低或外部效果不大，而建議政府取消本項獎勵。

二、污染防治獎勵實證結果

1. 在經濟效益方面。許正偉(1999)歸納國內外對於污染防治的實證研究，認為廠商從事污染防治的投資對總體經濟而言，雖然有物價上漲的負面影響，但影響不大，且污染防治投資對產出、所得、就業也有微幅增加的正面效果。

2. 在稅收效果方面，多數文獻以財政部統計的租稅減免稅額，或經濟部工業局統計的申請投資抵減件數金額，觀察租稅獎勵對稅收的直接衝擊，而未估算租稅獎勵可能帶動稅收增加的間接效果。

3. 在誘發效果方面。溫麗琪、柏雲昌(1997)針對2,000家有排放空氣污染的工廠所進行的問卷調查顯示，投資抵減獎勵是

政府所有獎勵措施中影響廠商購置意願最大者。黃宗煌、李堅
明(1993)的研究則顯示,當投資抵減對加速折舊的比值每增加1
個百分點,則污染防治投資額可望增加0.20%,不過這只能代表
投資抵減誘發的效果大於加速折舊。許正偉(1999)以問卷調查
進行迴歸結果顯示,投資抵減對廠商的污染防治支出的確具有
誘發效果,且效果大於進口設備免稅及低利貸款。其他如侯繼
明等人(1987c)則認為投資抵減未能有效鼓勵污染防治的投資,
並認為投資抵減效果不顯著,原因是因為污染防治設備係非營
利資產,且政府行政處罰措施不嚴厲所致。

　　4. 在信心效果方面。在廠商推動環境保護需要政府協助方
面,林志森(2002)所列廠商希望政府未來在推動環保工作等應
加強措施中,以提供最新環保資訊、加強輔導工作為最重要的
項目,採行經濟誘因工具則排名第六(表4-32)。

表4-32　廠商希望未來在推動環保工作等應加強的政策措施

措施	家數(家)	百分比(%)	優先順序
加強法令宣傳	62	65.95	2
加速環保公共投資	60	63.83	3
採行經濟誘因工具	34	36.17	6
加速環保建設民營化	18	19.15	7
積極參與國際環保事務	40	42.55	4
提供最新環保資訊	70	74.47	1
嚴格執行法令	38	40.43	5
加強輔導工作	62	65.95	2

資料來源:林志森(2002)。

　　從相關的文獻整理，我們可以發現政府運用租稅工具獎勵廠商污染防治設備或技術的投入，對廠商而言的確具有誘發投資的效果，且效果大於其他的獎勵工具。不過，如果透過個別廠商實際投資污染防治設備情形觀察，則效果並不顯著。污染防治租稅獎勵的效果不彰，可能與因為污染防治設備係非營利資產，廠商投資意願本來就不高，再加上政府行政處罰措施亦不嚴厲有關。此外，就政府「採行經濟誘因工具」在業者心目中並非極需要的工具來看，未來是否繼續提供本項功能性減免措施值得再考量。

三、節約能源獎勵實證結果

　　在誘發效果方面，侯繼明等人（1987d）認為台灣的獎勵條件很優厚，但實際鼓勵投資節約能源設備的效果並不顯著，租稅獎勵措施所影響的廠商不到7%，主要是因為能源價格未能充分反映真正成本，使業者認為節省能源對成本節省助益不大。林全等人（1988）並認為提供節約能源的租稅獎勵等於是在補貼耗能產業，政府應先適度調整能源價格，才能使企業落實節約能源的工作。

　　由於提供購置節約能源設備的租稅獎勵在獎勵投資條例時期只是刺激短期投資的項目之一，而促進產業升級條例發布初期政府也只提供加速折舊的獎勵，一直到1995年該條例修正後才有投資抵減獎勵項目的加入，故目前相關文獻的研究並不多見。由於部分廠商申請節約能源支出投資抵減，會以自動化的項目申請，故評估成效上會有所偏差。不過，基本上多數學者

仍建議政府鼓勵節約能源，先從調整能源價格著手。

四、研究與發展、人才培訓、建立國際品牌形象獎勵實證結果

1. 在經濟效益方面。多數實證分析，如凌忠嫄(1988)、王健全等人(1994)、陳偉晃(1997)，均肯定投資抵減獎勵對廠商的研究與發展、人才培訓等支出有正面的影響。

王健全等人(1996)利用產業模型，投入R&D的變數估算研究與發展對相關總體經濟指標的影響後，代入研發投資抵減措施對廠商R&D支出誘發效果(為18.77%)，計算1990至1992年研究與發展投資抵減對總體經濟的影響。孫克難等人(1997)亦同樣利用上述方式計算出研究與發展支出對總體經濟的影響，結果為1993至1994年每投入1元研究與發展，分別約有1.06元及1.05元的實質國民生產毛額的產出；每投入1元的研究與發展對1993和1994年實質的GDP的影響分別為1.14元和1.08元。研究與發展投資抵減對製造業平均勞動產出增加2.58萬元新台幣，對技術密集產品出口值增加25.74億元新台幣，顯示投資抵減獎勵對產業的升級有相當程度的貢獻。

2. 在稅收效果方面。多數文獻以財政部統計的租稅減免稅額，或經濟部工業局統計的申請投資抵減件數金額，觀察租稅獎勵對稅收的直接衝擊，未估算租稅獎勵可能帶動稅收增加的間接效果。孫克難等人(1997)則由總體計量模型得出在長期間，每1元研究與發展支出可創造出4.572元的產出，經情境模擬分析，則投資抵減每1元的稅收效益介於0.6858元到2.286元之間，而有

絕大的機率超過1元，這意謂研究與發展投資抵減獎勵所創造的稅收效益大於稅收損失的可能性相當高，有很高的「自償性」。

3. 在誘發效果方面。藍科正等人(1992)透過廠商的問卷調查研究顯示，投資抵減的效果相當顯著，政府每增加1元研究與發展投資抵減獎勵，廠商研究與發展支出將增加0.166元，一旦取消投資抵減獎勵，廠商傾向於減少研發支出的比例亦相當高。王健全等人(1994)認為此項獎勵的正向誘發效果顯著，而王健全等人(1996)再度對廠商所進行的問卷調查亦顯示，投資抵減的效果相當顯著，研發投資抵減措施對廠商研究與發展支出誘發效果高於人才培訓及建立國際品牌形象。

王健全等人(1994)評估投資抵減對廠商建立國際品牌形象支出有正向誘發效果(但不顯著)；在總效果方面，1單位投資抵減對建立國際品牌形象的誘發效果為0.197單位(低於研究與發展支出的0.209單位，但高於人才培訓0.113單位)。王健全等人(1996)以問卷調查的方式調查「政府沒有提供投資抵減，廠商減少投資之百分比」，其中建立國際品牌形象一項，減少投資的百分比(22.94%)高於研究與發展(18.77)及人才培訓(16.27%)。可見政府對於建立國際品牌形象支出之獎勵，對廠商而言具有重大的意義。

4. 在信心效果方面。依據經濟部統計處2002年的問卷調查，不管是大型企業或中小型企業均認為，為提升企業的研究與發展投入，政府應加強的工作項目中，「提供租稅獎勵措施」均位居前三名，顯見研究與發展投入的租稅獎勵在業者心目中占有一定的份量(表4-33)。

表4-33　爲提升企業研發投入政府應加強的工作──2002年

單位：%

	總計	大型企業	中型企業	小型企業
提供租稅獎勵	50.04	69.22	55.32	44.91
資助研發經費	49.61	60.20	57.83	45.65
加強提供資訊	44.24	43.53	47.58	43.68
協助培訓研發人才	44.24	57.06	56.09	39.05
加強技術移轉功能及提高時效	34.08	40.20	36.94	32.20
加強研究機構和廠商之間的溝通	33.74	38.24	37.14	32.08
專利權的處理	19.65	22.16	21.66	18.70
其他	4.62	1.57	2.71	5.66

資料來源：經濟部統計處（2002），《製造業經營實況調查報告》。

　　大多數的文獻實證研究結果均顯示，政府運用研究與發展、人才培訓以及國際品牌建立的租稅獎勵，對廠商而言，確實有助於投資或帶動其他經濟的效益。此外，廠商希望政府協助提升其研究與發展工作中，投資抵減亦占很大的份量。準此，未來研究與發展的租稅獎勵應有繼續實施的必要。

五、策略性產業獎勵實證結果

　　1. 在經濟效益方面。孫克難等人（1997）利用王健全等人（1996）的問卷調查結果，假設促進產業升級條例第八條、第八條之一所誘發的投資約爲13％，估算其對總體經濟的貢獻，結果爲所誘發的投資約可使實質國民生產毛額每年增加0.32％，如以1991至1996年的實質國民生產毛額計算，則6年間約誘發了1,100億元左右的總產值。事實上，相關策略性產業在產出及出

口成長上亦有凸出的表現。張翔菘(2001)的研究結果則顯示，電子業的稅率提升10%與20%，分別會造成實質國內產出下降0.01%與0.02%。但是，在經濟體系內尚存在其他市場扭曲的情況下，單獨減少一個產業的租稅扭曲程度並不會造成整體經濟效率的提升。

2. 在稅收效果方面。王健全等人(1996)的實證分析結果顯示，廠商每投資1元，在適用20%的稅額抵減下，政府稅收損失為0.2元。但投資增加將使營業額擴大、營業淨利增加，進而使政府稅收增加，研究中依廠商的資料進行模擬，計算出只要適用廠商的廠房機器設備平均使用年限超過7年，則政府總計稅收共增加0.24元，較稅收損失0.2元為大。因此，政府給予「重要科技事業」、「重要投資事業」投資抵減，其稅收效益應大過於稅收減少的衝擊。

3. 在誘發效果方面。依據程杭生(1970)的實證分析，享受5年免稅的廠商投資率確實比一般廠商為高。另依據王健全等人(1996)的實證分析，1992至1994年適用廠商在廠房機械設備的平均投資率(即投資額除以廠房機械設備淨額)達66%，是一般大型製造業的3倍；並發現每1元實收資本額的增加對機械設備投資增加的效果，重要投資或重要科技事業的反應強度是一般製造業3.7倍，可見本項獎勵對特定產業的投資具有正面作用。此外，孫克難等人(1997)並觀察出重要科技事業、重要投資事業受惠廠商的投資及營業淨額成長率皆明顯高於一般廠商。

孫克難、劉涵秦(2001)藉估計邊際有效稅率及租稅減免對製造業投資之影響，發現減稅對紡織、成衣及服飾、造紙及紙

製品等傳統產業具有鼓勵投資的效果，而機械設備製造修配、電力及電子機械設備及運輸工具製造修配業減稅的激勵投資效果較小，精密器械業、皮革皮毛業、化學材料及製品業則不顯著，結果並不支持策略性產業租稅獎勵的運用。

4. 在信心效果方面，未見這方面相關文獻的實證評估。

歸納相關的實證文獻，大多數實證研究顯示受獎勵的策略性廠商不管在投資或營業成長上均高於其他非受獎勵的廠商，而這些產業的投資並可連帶影響整體經濟的發展。此外，提供策略性產業獎勵的稅收效益有極大的機率超過稅收損失，故提供策略性產業租稅獎勵應具有正面意義。不過，亦有人質疑，提供租稅獎勵給營運績效原本就良好的產業，只具「錦上添花」效果。

六、整體投資獎勵實證結果

1. 在經濟效益方面。林華德、謝長宏(1984)研究顯示，減徵營利事業所得稅10%，對國民所得、資本存量、綜合所得稅收均毫無貢獻。但是，張文翰(1968)則認為，GNP與租稅獎勵關係相當密切。

2. 在稅收效果方面，除林華德、謝長宏(1984)研究顯示減徵營利事業所得稅10%，對綜合所得稅收均毫無貢獻外，其他文獻則多以財政部統計的租稅減免稅額，或經濟部工業局統計的申請投資抵減件數金額，觀察租稅獎勵對稅收的直接衝擊，未估算租稅獎勵可能帶動稅收增加的間接效果。

3. 在誘發效果方面。侯繼明等人(1987a)認為，歷經三階段

的投資獎勵，且影響經濟發展的因素又錯綜複雜，很難簡單判斷獎勵投資的效果；廠商對於政府給予的免稅優惠，雖然來者不拒，然而獎勵投資的功能已降低。此外，孫克難、劉涵秦（2001）發現減稅對部分產業具有鼓勵投資的效果，但對部分產業則減稅的激勵投資效果較小，並認為在投資導向的經濟發展階段，租稅減免作為獎勵工具較有效，但在以創新為導向的經濟發展階段，租稅減免的重要性大幅降低。侯繼明等人（1987b）研究顯示，若不實施投資抵減，將造成每年民營投資平均減少4.3億元，平均減少幅度僅0.17%，效果不大；取消所有租稅優惠會減少民營投資年平均77億元，平均每年減少4.27%。然而，全部免稅將使投資平均增加10%，故政府應降低稅率或避免高累進稅率，以利投資進行。

　　孫克難（1984）以時間數列資料迴歸分析發現，由於獎勵投資租稅減免的存在，使得固定資本形成水準具向上移動的效果，然而此一制度長久存在，喪失了激勵投資的功用。另由橫斷面受獎廠商資料迴歸分析發現，租稅減免程度對固定資本形成不具影響力。機器設備投資抵減措施，產生改變企業投資計畫時程（timing）的效果，藉以享受減稅的優惠。

　　4. 在信心效果方面，多數文獻僅針對個別獎勵項目（例如，研究與發展）進行調查。

　　經由相關的實證研究可以發現，租稅獎勵確實可降低企業投資成本，但誘發投資的效果並不明確。綜合以上功能別、產業別及投資環境等三類與租稅獎勵有關的文獻分析，可以歸納出下列結論：

1. 在功能別獎勵部分，租稅獎勵對廠商而言的確具有誘發投資的效果，其中研究與發展部分是大部分文獻都支持繼續施行的項目。至於自動化、污染防治或節約能源獎勵，由於影響投資較少或改正外部性的需要較低，故是否繼續提供值得斟酌。

2. 在產業別獎勵部分，大多數實證研究顯示，受產業別獎勵的廠商不管在投資或營業成長上均高於其他不受獎勵的廠商，而此等產業的投資並可連帶影響整體經濟的發展。此外，提供策略性產業獎勵的稅收效益，有很大的機率超過稅收損失。因此，雖然租稅獎勵政策可能對受獎廠商具有「錦上添花」的效果，但不可忽視這些廠商所扮演帶動投資的信心意義。

3. 政府對於產業別的獎勵規定，多以產業中特定的產品或技術為獎勵對象，宥於政府統計資料多以產業中分類進行調查，故大部分文章在論述時，只能依該等產品或技術所在的產業中分類進行分析，或藉由財稅資料中心所提供的實際申報資料或上市櫃廠商作為觀察對象，故實際租稅獎勵所能發揮的效果為何，仍無從精確估算。

4. 在整體投資環境部分，經由相關的實證研究我們可以發現，雖然租稅減免確實可以降低企業成本，不過由於欠缺統計資料等因素，致使租稅獎勵是否確實可以誘發企業投資，評估不易、效果亦不明確。

5. 由於資料掌握不易，而且在許多獎勵措施中要將租稅獎勵工具的效果抽離出來，運用計量方法單獨去估計其所帶動的成效相當不容易。目前國內大多數的研究均以廠商問卷調查的方式去了解獎勵對廠商投資行為的影響。由於一般廠商在填寫

問卷時，基於自身利益的考量均會要求政府應多給予補助或獎勵，純粹以廠商問卷調查的結果估算租稅獎勵對整體經濟的成效時，便不見得十分客觀。再者，不同的樣本廠商，不同時期進行調查的問卷，所獲得的結果可能會有所不同，據此推估的效果產生偏差自然在所難免。

第四節　結語

　　在本章我們利用財政部統計的資料、產業發展的現況及文獻回顧的方式，了解租稅獎勵經過多年來實施的成效，獲得結論如下。首先，在稅收減免方面：

　　1. 租稅獎勵措施所減免的稅捐，每年平均約占總稅收的5%，其中以所得稅減免金額最高，占所得稅收入的比重約為15.2%，為各稅目之冠。

　　2. 雖然1990年代起政府所提供的租稅獎勵減免金額占所得稅收入的比重有下降的趨勢，但1996年開始則又有成長的趨勢，這可能與促進產業升級條例在立法初期減免範圍縮減與業者較不清楚租稅獎勵規定有關，而部分措施的實際抵免稅捐約在3至5年以後才會顯現，故未來仍應密切注意此一趨勢。

　　3. 在產業別獎勵部分，半導體及資訊電子業等產業申請適用租稅獎勵的比例相當高，有效稅率亦最低。污染防治工業及航太工業雖然都是獎勵的重點，但是受獎勵的情形卻相當少。

　　4. 在功能別獎勵部分，功能性租稅減免中以自動化投資抵減為大宗，其次則為研究與發展的部分，人才培訓、建立國際

品牌支出及節約能源等項目則抵減金額偏低。研究與發展、人才培訓的減免金額在近年來有較大的成長幅度，可見企業亦愈來愈重視這兩項的投資；至於防治污染設備、技術的投入，則未發現有高度的成長。

其次，在產業發展方面：

1. 在整體投資環境部分，由歷年固定資本形成成長率的趨勢或吸引僑外投資的金額來觀察，即可發現產業政策的推動也不必然與僑外投資呈正向的關係。由於各獎勵措施實施的起迄日期不一，稅率、適用門檻也迭經調整，尤其固定資本形成成長率或投資率除了受到租稅獎勵的影響外，亦會受到國內外經濟情勢、政治環境等的影響，故要深入探討某項租稅獎勵措施所帶動投資的成效相當不易。

2. 在產業別部分，如簡單由產業的生產及出口結構，並無法觀察出租稅獎勵等政策工具與產業發展具有絕對正向的關係。產業政策的實施，對部分產業具有正面的影響，但對部分產業則無法觀察到正面的影響，故產業政策的推動與產業發展的關係事實上並十分不明確。

3. 在功能性部分，企業均認為投資自動化，不管在人力節省、生產效率提高及產品不良率的降低等方面，都可獲得不錯的效益；且代表自動化發展的指標亦逐年提升，顯示政府協助企業投入自動化，的確會對於產業的升級有所幫助。至於環境保護、節約能源以及國際品牌建立部分，由於歷年租稅獎勵抵免件數與金額似乎沒有顯著的成長，故藉由租稅減免促進廠商在這些項目增加投資的成效似乎並不顯著。在研究與發展方

面，若由台灣研究與發展經費對GDP比率、CHI美國核准專利統計及發明專利申請件數等指標觀察，則近年來台灣不管在研究與發展經費對GDP比率、CHI美國核准專利統計及發明專利申請件數上，均呈現穩定成長的趨勢，其中尤以資訊電子工業的表現最為凸出，除了顯示政府產業政策的推動已獲得成效外，並可顯示產業如要維持一定的競爭力，研究與發展絕對是重要的投入活動。

第三，在相關文獻的研究結果方面：

1. 經整理相關文獻的研究結果顯示，由於統計資料的欠缺，以及要在許多獎勵措施中將租稅獎勵工具的效果抽離出來，單獨估計其所帶動的成效，確實相當不容易。

2. 目前國內大多數的研究均以廠商問卷調查的方式來了解獎勵對廠商投資行為的影響。但是，由於一般廠商在填寫問卷時，基於自身利益的考量均會要求政府應多給予補助或獎勵，純粹以廠商問卷調查的結果估算租稅獎勵對整體經濟的成效時，便不見得十分客觀。再者，不同的樣本廠商，不同時期進行調查的問卷，所獲得的效果可能會有所不同，據此推估的效果產生偏差自然在所難免。因此，欲正確估計租稅獎勵所能發揮的效果為何，仍有相當的困難度。

3. 由於租稅減免的稅收減少金額可以具體量化，而租稅減免的實際效益卻難以量化估計，使得贊成或反對租稅獎勵的辯論中，無論那一方都無法完全說服另一方。

4. 租稅減免將使相關投入成本降低，站在自利的立場而不考量整體社會的成本或跨期所得效果時，相信不管是企業或是

個人都會贊成政府的減稅政策。是故，當政策基於選票考量或
信心提振的宣示時，實施租稅獎勵的成本－效益評估，充其量
只能供作參考之用。

第五章

租稅獎勵的國際規範與各國運用趨勢

　　本章將透過世界貿易組織（WTO）、經濟合作暨發展組織（OECD）等國際性組織的相關規範，以及世界上相關國家的實際獎勵措施，來了解國際上對於租稅獎勵運用的趨勢及限制，進而討論台灣未來產業租稅獎勵修正的方向。

第一節　世界貿易組織的相關規範

　　世界貿易組織（World Trade Organization，WTO）為世界上最重要的國際性經貿組織，各會員透過共識決或票決的方式，決定WTO各協定規範的內容及各會員的權利與義務，共同推動多邊貿易體系法制化及組織化的工作。台灣於2002年1月1日正式成為該組織的第144個會員後，便必須受到該組織設立協定及19

項相關附屬協定的規範[1]。

一、WTO的基本理念

WTO的前身為關稅暨貿易總協定(General Agreement on Tariffs and Trade, GATT)。1940年代，各國檢討第二次世界大戰及1930年代以來經濟蕭條發生的原因，其中貿易保護主義盛行被認為是原因之一。因此，二次大戰結束後，除成立世界銀行(World Bank)及國際貨幣基金(International Monetary Fund)外，並於1948年簽署「關稅暨貿易總協定」後，展開關稅減讓及貿易規則制定等多次的談判，而在歷經7回合的談判後，1993年12月第八回合烏拉圭談判達成協議，各締約國決議成立WTO[2]。

WTO的基本理念在於創造一個自由、公平、低關稅保護及可預測的國際貿易環境，使資源依照永續發展的原則，作最佳的使用，以提升生活水準，確保充分就業，並擴大生產與貿易開放、平等、互惠及互利，希望能透過貿易提升開發中與低度開發國家的經濟發展。為達成上述目標，WTO最主要透過無歧視原則、漸進式開放市場、約束關稅與非關稅措施、促進公平競爭及鼓勵發展與經濟轉型等機制，要求各會員一同努力。

無歧視原則的精神，乃在對外關係上須對來自所有會員的

---

1 協定規範的範圍由傳統貨品貿易擴展至農產品、紡織品、智慧財產權及服務業等，未來範圍將進一步擴及投資、環保、競爭政策及電子商務等與貿易有關之新議題。
2 參閱經濟部國際貿易局網站(www.moeaboft.gov.tw)。

貨品給予「最惠國待遇」(most-favored- nation treatment)；在對
內關係上則須對自會員進口的貨品給予與本國貨品同等待遇的
「國民待遇」(national treatment)[3]。依照「最惠國待遇」的原則，
會員對所有會員的產品必須給予相同的待遇；例如，台灣對電
子產品進口關稅爲1%，則電子產品不管是從日本或美國等會員
進口，均應給予1%的同等優惠關稅稅率。亦即，各會員不得對
與其他會員的貿易採行特別有利或不利的待遇，而應在平等基
礎上，共同分享降低貿易障礙的好處，並確保貿易減讓的成果
爲各會員均享。如遇關稅同盟、自由貿易區、對開發中國家的
優惠措施及符合一定條件下所採取的防衛措施等情形，則可允
許有例外的作法。

二、WTO針對租稅獎勵運用的規範

　　WTO設立協定第二條規定，WTO所轄的範圍包括截至1994
年烏拉圭回合談判所達成的多邊及雙邊貿易協定與附屬的法律
文件[4]，共分四大類，即附件一的「貨品貿易多邊協定」、「服
務貿易總協定及其附錄」及「與貿易有關智慧財產權協定」；
附件二的「爭端解決規則與程序了解書」；附件三的「貿易政
策審查機制」；及附件四的「複邊貿易協定」。在各會員的租

---

3 「國民待遇」係對本國貨品與進口貨品應採一致的待遇。例如，若
　給予國內業者採購本國電子產品的租稅抵減優惠，則採購進口電子
　產品時，亦應給予相同的租稅抵減優惠。
4 「多邊協定」係對所有WTO會員均發生拘束力；「複邊協定」僅對
　簽署該複邊協定之會員發生拘束力。

稅獎勵運用部分，附件一之「貨品貿易多邊協定」中的「1994
年關稅暨貿易總協定」及「補貼及平衡措施協定」(Agreement on
Subsidies and Countervailing Measures，簡稱SCM)訂有相關的條
文規範。

　　GATT第三條規定，各締約方均應認同本國稅、其他國內規
費，及影響進口貨品於國內銷售、推銷、購買、運輸、分配或
使用的各種法律、規章及規定，以及規定產品的混合、加工或
使用需符合特定數量或比例的國內數量管制法規，在適用於輸
入或國內的產品時，不得為保護本國生產而實施。這可說是對
於本國租稅與法規所做的一般性規範，強調國民待遇及無歧視
的原則。

　　SCM主要規範會員給予特定產業或為達特定政策性目的的
特定性補貼。由於租稅獎勵的應用可能涉及特定利益的授予，
使產業或產品相對競爭力提升，故亦屬補貼性質而需納入SCM
規範。根據SCM的規定，特定性補貼的認定步驟為：

　　首先，確定該項補貼是政府或任何公立機構所提供的財務
補助。

　　其次，確定該項補貼是否使企業因而獲得利益。

　　最後，確定該項補貼是否具有特定性。

　　準此，如政府給予的補貼如係屬非特定的利益給予，例如，
政府修建道路、橋樑等基礎建設，則企業雖有受益，但屬一般
性利益給予，並不構成可控訴的要件。至於特定性補貼，該協
定依補助可能對其他會員的貿易產生不利影響的程度，將其分
為禁止性補貼、可控訴補貼及不可控訴補貼三類(表5-1)。

表5-1　WTO有關補貼及平衡措施協定的主要內容

項目、條次	內容
1.補貼定義 （協定第一條）	一國政府或公立機構所提供的(1)資金直接或債務（如融資保證）的可能轉移，(2)稅收的拋棄或未催繳，(3)政府提供一般設施以外的商品或勞務或收購商品，及(4)委託基金或機構進行前三項業務，且授予利益者。
2.特定性補貼 （協定第二條）	1.明定限定補貼僅適用單一事業或產業，或一群事業或產業。 2.限定於特定地理區域內的若干事業始可獲得的補貼。 3.第三條規定的補貼。
3.禁止的補貼 （協定第三條）	除「農業協定」另有規定外，屬第一條規定範圍內的下列補貼： 1.法律上或事實上以出口實績為單一條件或數條件之一而提供的補貼，包括附件一所例示者(即出口補貼)； 2.以使用國內貨品而非進口貨品為單一條件或數條件之一而提供更多的補貼(即進口替代補貼)。
4.可控訴的補貼 （協定第五、六條）	對其他會員利益造成損害、剝奪、減損或嚴重損害的補貼： 1.不利影響係指(1)對另一會員國內產業的損害；(2)剝削或減損其他會員依 GATT1994 年的直接或間接享有的利益；及(3)對另一會員利益的嚴重損害。 2.嚴重損害的認定原則包括：(1)給予一產品從價補貼率超過 5%；(2)為彌補某一企業或產業營運損失而提供的補貼等；及(3)債務的直接免除。
5.不可控訴的補貼 （協定第八條）	1.非特定性補貼，即不屬於第二條第一項規定的特定性補貼； 2.研究與發展； 3.落後地區的補貼；及 4.適應新環保要求。

資料來源：經濟部貿易局網站，補貼及平衡稅協定。

(一)禁止性補貼

即除「農業協定」另有規定外，以出口實績(export performance)或使用本國產品優先於進口產品為前提，而給予的補貼則屬禁止性補貼。此可分為兩類，第一類是「出口補貼」，即在法律上或事實上以出口實績作為提供補貼的條件或條件之一者，該協定附件一對何謂出口補貼訂有一份例示清單，可供各會員參考；第二類是「進口替代補貼」，即補貼係以優先使用國產品作為提供補貼的條件或條件之一，或對使用國產品提供的補貼優於使用進口產品者。因為該二類補貼的目的在於干預貿易，最有可能對其他會員的貿易造成不利影響，故WTO將其歸納為禁止性補貼，禁止會員採行，並提供會員若有理由認為另一會員授予或維持某項禁止性補貼者，得隨時請求與之進行諮商等救濟機制[5]。

(二)可控訴補貼

除農業協定另有規定外，當會員採用特定補貼措施(不可控訴的補貼除外)，而對其他會員的特定產業造成損害、剝奪或減損，或嚴重侵害時，受不利影響的會員得採課徵平衡稅[6]，或向WTO爭端解決機制提出指控，以尋求救濟[7]。

5　參閱WTO補貼及平衡稅協定第三條、第四條的規定。

6　當出口國以補貼方式輸出貨品而造成進口國國內產業損害時，進口國得採行平衡措施。平衡稅係指為抵銷對任一產品之製造生產或出口過程中接受直接或間接之補貼所課徵的特別關稅。

7　參閱WTO補貼及平衡稅協定第五條、第六條、第七條的規定。

(三)不可控訴補貼

非特定補貼外，SCM規定了三類定義狹窄的不可控訴的補
貼，包括(1)對工業研究及競爭前的發展活動(pre-competitive
development activity)的補貼；(2)對貧瘠地區的補貼；(3)對新環
保設施的補貼等三大類。由於這些補貼不會對於貿易造成負面
影響，或其因具有特殊價值而不應加以限制，故WTO規定對這
些補貼為不可控訴，且不為採取平衡措施的對象。

三、WTO規範下租稅獎勵的運用

基於WTO的基本理念及SCM的規定，各會員政府必須放棄
部分政策工具，回歸產業發展比較利益原則，亦即認知到追求
國際貿易時，各會員應重視具有比較利益產業的發展，不具比
較利益產業受到衝擊是無可避免的。歸納上開相關規範，各會
員在國內運用租稅獎勵時應注意下列各項：

1. 應符合國民待遇及無歧視原則。

2. 不得以出口實績或以使用本國貨品，而提供更佳的租稅
優惠。

3. 非特定性租稅優惠的給予，較能避免其他會員的控
訴。亦即，租稅優惠的給予，係採產業普遍均得享有的方向
訂定，例如，降低整體產業營所稅稅率，較能避免其他會員
的控訴。

4. WTO基本上允許會員針對研究與發展、落後地區發展、
環保設備購置提供租稅獎勵措施，但在運用上仍有限制。相關
限制摘要如下(表5-2)：

表5-2　不可控訴的補貼

包括「非特定性補貼」與下列三種「特定性補貼」：	
1.研究與發展	對廠商或高等教育或研究機構與廠商簽約進行的研究活動爲補助者，該補助不超過工業研究成本75%或競爭前的發展活動成本50%，且該補助係完全以下列事項者爲限： (1)人事成本(研究員、技術人員及其他專爲研究工作而聘用的助理人員)； (2)供研究活動專用且永久使用的儀器、設備、土地及建築物(但以商業基礎而使用者不在此限)的成本； (3)供包括購入的研究、技術知識、專利等研究活動專用的諮商及相等的服務成本； (4)研究活動直接發生的其他間接成本； (5)研究活動直接發生的其他經常費用(如材料、供應品等類似的費用)。
2.落後地區發展協助	對貧乏地區的補助，且其於合格區域內非屬具有特定性的情形者，但必須符合下列條件： (1)每一貧乏區域必須是經明確劃定，且爲經濟上及行政上可認定的毗鄰地理區域； (2)該區域之所以被認定爲貧乏區域，係基於中性及客觀標準，顯示該區域的困難並非僅出於暫時的情況；該等標準必須於法律、行政規章或其他官方文件明確載明，以資查證； (3)前述標準應包括至少以下列因素之一爲基礎的經濟發展評定： 　－平均國民所得或平均家庭收入其中之一或平均國民生產毛額均不得超過相關區域平均數的85%； 　－失業率，必須爲相關區域平均失業率的110%以上；評定期間必須爲3年以上；該評定得爲一綜合評定，並得包括其他因素。
3.環境保護設備投入	爲促使現有設施配合依法律及/或行政規章而對廠商產生較大限制及財務負擔的新環保要求所提供的補助，但其補助必須符合下列條件： (1)爲單一而非重複發生的措施； (2)以配合成本的20%爲限； (3)不得包含更換或運轉設備的成本，此成本應由廠商自行吸收； (4)與廠商計畫減少的公害及污染直接有關並成比例，且不得包含任何可能達成之製造成本的降低；及 (5)適用於所有能採用新設備及/或生產製程的廠商。

資料來源：經濟部國際貿易局網站。

◆ 研究與發展部分

依據SCM的規範，高等教育或研究機構獨立進行的基礎研究，因與工業或商業目的無關聯，屬一般科學及技術知識的擴大，故政府給予這些單位從事基礎研究的租稅獎勵可較不受限制。當政府補助廠商的研究與發展活動，或補助廠商與研究機構或教育單位合作進行的研究與發展活動，占工業研究成本不超過75%限度內、競爭前的發展活動成本不超過50%限度內，其他會員則不得控訴[8]。至於認定研究與發展的範圍時，SCM的規範係以人事成本、供研究活動專用且永久使用的儀器設備及土地的成本、購入的技術知識等服務成本、研究活動直接發生的其他間接成本，以及研究活動直接發生的其他經常費用為主。

台灣目前提供產業的研究與發展投資抵減率，依據促進產業升級條例第六條的規定，為公司投資於研究與發展支出金額

8　依據WTO定義，所謂的「工業研究」，係指以發現新知識為目的而進行之有計畫探索或批判性調查，且這些知識可能有助於發展新產品、加工方法或服務，或對現有產品、加工方法或服務有顯著改進。例如，國科會補助奈米技術等研究與發展計畫即屬於此類。所謂「競爭前的發展活動」則係指將工業研究的結果轉換為新的計畫、藍圖或設計、變更或改良產品、加工方法或服務，而不論其是否意圖供銷售或使用，包括不足以供商業使用的初製原型的創造。更可以進一步包括產品、加工方法或服務的概念規劃及設計，加工方法或服務的替代及初次展示或先驅計畫。但以這些計畫無法改變，或供工業運用或商業利用者為限，且不包括對現存產品、生產線、製程、服務及其他現行操作的常態或週期性改變，縱使這些改變可能代表改進。中華民國經濟部「主導性新產品開發輔導辦法」所提供的研發補助即屬於此類。

的35%限度內抵減營利事業所得稅,並未超過支出金額50%的補助門檻;「公司研究與發展及人才培訓投資抵減辦法」中,並將研究與發展支出範圍,限定在公司為研究新產品或新技術等之人事費用、技術費用以及全新機器設備購置等,基本上均能符合SCM的規範。

◆ 落後地區發展協助部分

依據SCM的規範,政府為促進區域性均衡發展所提供貧乏地區的非特定性補助,是可被接受的,但應遵守每一貧乏區域必須是經明確劃定、基於中性及客觀標準篩選[9],以及至少以國民平均所得或失業率等經濟發展指標加以評定。其中國民平均所得(或家庭平均收入、國民平均生產毛額)不得超過相關區域平均數的85%;失業率則必須為相關區域平均失業率的110%以上,且評定期間必須為3年以上。

台灣1995年修正公布的促進產業升級條例第七條規定,為促進產業區域均衡發展,公司投資於資源貧瘠或發展遲緩地區得適用租稅優惠,原辦法選取指標係依據經建會所編印的《都市及區域發展統計彙編》中16個「縣」的人口成長率、社會增

9　依據WTO定義,所謂「中性及客觀標準」係指在區域性發展政策的一般架構下,不會優惠某些區域而逾越消除或減少區域差異的適當範圍的標準。就此而言,區域性補貼計畫應包括可對每一補貼專案授予補助款的最高限額。該最高限額必須依受補助區域發展程度的不同區分,並需以投資費用或創業費用表示之。在該最高限額內,補助的分配應十分廣泛及平均,避免有本協定第二條所謂以若干事業為補貼的主要利用,或將不成比例的大筆金額補貼若干事業的情形。

加率(人口遷入率－人口遷出率)、二級及三級就業人口比例、稅課收入、平均每戶經常收入、都市計畫區人口比例、自來水普及率、室內電話每百人用戶、公路密度、專科以上學校數等10項指標作爲統計，選出指標較低的8個縣，並以縣內的「鄉」爲適用地區。

　　1999年12月31日修正公布的促進產業升級條例則將規定修正爲「公司投資於資源貧瘠或發展遲緩鄉鎮地區」得適用優惠，囿於現行相關鄉鎮統計資料取得困難，且爲符合WTO中SCM的規定，故將篩選基礎修正爲依「平均國民申報綜合所得」3年平均爲基準，選取台灣省本島地區二分之一的鄉、鎮，且低於全台灣國民平均申報綜合所得稅之百分之八十五者，作爲獎勵的對象。又爲加強離島地區的發展，離島地區的金門縣、連江縣、澎湖縣、台東縣的蘭嶼鄉與綠島鄉及屏東縣琉球鄉，每年不受指標變動影響而直接納入。準此，台灣獎勵公司投資於資源貧瘠或發展遲緩地區的租稅優惠規定，可符合WTO中SCM的規定。

　　◆ 環保設備購置部分

　　依據SCM的規範，政府爲配合法律或行政規章而對廠商產生較大限制及財務負擔的新環保要求時，可提供廠商環保設備購置的補助。但其補助必須符合單一非重複發生的措施、配合成本的20%爲限、與廠商計畫減少的公害及污染直接有關並成比例以及適用於所有能採用新設備及／或生產製程的廠商等原則。

　　目前台灣促進產業升級條例或相關提供產業法規中，針

對環境保護改善所提供租稅減免的項目包括污染防治、資源回收再利用以及節約能源全新機械設備或技術購置部分,所提供的投資抵減優惠抵減率均不超過15%,可符合SCM的規定。

　　由於台灣促進產業升級條例所提供租稅獎勵的對象對依公司法設立的公司大多均可適用,相關獎勵並以改善整體投資環境或消除稅制障礙為主,多屬一般非特定對象的獎勵,故即便廠商因租稅獎勵而獲利益,仍可符合WTO的相關規範。事實上,台灣在加入WTO前,便已針對國內各項法規完成檢視的工作。在工業部門,台灣承諾修正或取消的工業補貼,包括(1)依促進產業升級條例規定所訂定的「民營製造業及技術服務業購置設備或技術適用投資抵減辦法」,提供購置國內與國外機器設備投資抵減率不同之部分(該辦法於2002年4月24日修正前,購置國內機器設備的抵減率為20%,國外為10%;修正後,購置國內、外機器設備抵減率同為13%);(2)海關進口稅則第八十四、八十五及九十章增註規定,進口國內無產製設備免徵進口關稅措施(已於2003年6月11日修正刪除);以及(3)貨物稅條例第十二條有關國人自行設計製造的汽車引擎、車身底盤得享有按規定稅率減徵3% 的優惠(已於2001年10月11日修正刪除)。截至目前為止,上開補貼所涉及的法規均已配合修正完成。因此,我們初步可以確知目前政府所運用租稅獎勵措施應是符合各項WTO的規範。不過,未來仍應遵循WTO相關規範,以免引起貿易糾紛。

第二節　經濟合作暨發展組織的相關規範

　　1960年成立的經濟合作暨發展組織（OECD），目前擁有30個會員國[10]，大部分爲工業先進國家，國民生產毛額約占世界的三分之二。該組織設立的主要目的，依OECD設立協定書第一項條款所載示的內容，係爲推動下列政策事項：

　　1. 在維持金融穩定的前提下，促進會員國相互間的經濟合作關係，並加速達成各國經濟之持續成長與提高就業率，以改善會員國之生活水準。

　　2. 相互協調及援助開發中國家充分發展其經濟，以促進會員國經濟之健全發展。

　　3. 在符合國際規範之多邊化與無歧視性基礎上，促進自由貿易以擴大國際間之經貿往來。

　　4. 與非會員國互動。

　　目前台灣並非OECD的會員，不過仍積極參與相關的非正式

10　目前會員國包括(1)七大工業國(G7)：美國、加拿大、日本(1964)、德國、法國、英國及義大利；(2)太平洋兩國：澳洲(1971)、紐西蘭(1973)；(3)歐盟的各會員國：比利時、荷蘭、盧森堡、丹麥、愛爾蘭、希臘、西班牙、葡萄牙(若加上七大工業國中之英國、德國、法國、義大利四國，以及新加入歐盟的歐洲自由貿易協會的瑞典、芬蘭(1696)及奧地利三國，則包含所有歐盟國家)；(4)歐洲自由貿易協會(EFTA)六國：挪威、瑞典、芬蘭(1696)、冰島、瑞士、奧地利；及(5)其他：土耳其、墨西哥(1994)、捷克(1995)、匈牙利(1996)、波蘭(1996)、韓國(1996)、斯洛伐克(2000)。括弧內數字爲加入OECD的年份。

會議，希望藉由參加非正式研討會的機會，與OECD國家代表討
論彼此的政策立場，促進國際交往與相互了解。

一、有害租稅競爭的防止

　　鑑於世界各國為吸引投資而競相提供優惠或免稅的租稅措
施，除影響投資者決策、大幅增加投資者逃稅及避稅的機會外，
已使得資金及其他服務性經濟活動因此而移轉其區位，造成他
國的稅基遭受侵蝕、租稅結構改變，形成租稅扭曲現象，使得
全球社會福利因而降低。因此，OECD於1998年5月完成《有害
租稅競爭》（Harmful Tax Competition）報告，特別針對影響金融
及其他服務業活動部分區位移動的租稅政策，提出消除有害租
稅競爭的建議[11]。該報告並提出以成立工作小組與論壇、建議
會員國透過自行立法、簽訂租稅協定及加強國際合作等方式，
致力消除會員國甚至非會員國間有害的租稅優惠措施，共同遏
止有害租稅競爭[12]。

　　OECD將有害的租稅行為定位在租稅天堂（tax haven）及有
害租稅優惠措施（harmful preferential tax regimes）兩大部分，其中

---

11 有關實質的投資設廠等活動，並不是本報告關切的重點，OECD將在
　　未來處理。
12 為防杜租稅競爭所引起的負面影響，歐盟委員會（EU Council）亦於
　　1997年通過企業租稅的處理原則（Code of Conduct），同樣針對會員國
　　可能有害的租稅獎勵措施提出限制使用的要求。EU與OECD在有害
　　租稅的判斷原則上相當類似，二者最大的不同在於，EU的處理原則
　　係針對各國所提供企業活動的獎勵（並特別針對移動性高的活動），
　　而OECD現階段係針對金融及其他服務業的活動作規範。

租稅天堂乃提供優惠租稅或零租稅環境，藉以吸引企業或個人將其金融或服務活動移往該區域或國家，這些地區通常擁有寬鬆且自由的金融市場制度，供企業或個人作為資金調度、避稅之用。OECD對於租稅天堂的認定要點如下：

　1. 稅率為零或僅有形式上的租稅課徵，即企業或個人所負擔的有效稅率非常的低。

　2. 缺乏有效的資訊交換，使企業可以在該地的法令規定下，不必揭露相關內部資訊，而可以自由地從事資金調度、避稅或其他洗錢等非法交易活動。

　3. 缺乏透明性，由於資訊提供的缺乏，使其他國家無法從該地區所提供的資訊找到公司或個人避稅或洗錢等證據。

　4. 享受租稅優惠主體在該地不需有實質經濟活動(如製造或研發等活動)。

　至於有害租稅優惠措施部分，乃一個國家針對特定活動所提供的租稅優惠或保護措施，可能使衝擊移轉至國外，造成其他國家的稅收損失。租稅優惠措施是否有害，認定要點如下：

　1. 稅率為零或有效稅率低。

　2. 措施具有隔離性，即將租稅利益限制於非長住居民，或限定租稅優惠受益者的活動只能針對國外市場，而使稅收減少的衝擊轉移至他國，保護國內產業免於遭受獎勵措施的傷害，相反地將對外國稅基產生負面影響。

　3. 缺乏透明性。

　4. 缺乏有效的資訊交換。

　5. 其他次要的要件，包括操縱稅基範圍、未遵守移轉訂價

的一般原則、免除境外來源所得的稅賦、稅基或稅率可經談判調整、對投資者的相關資訊嚴加保密、過於綿密的租稅協定網、對外以低稅率作為號召及鼓勵企業從事租稅減免導向的營運等。不過,評估的重點仍在於措施的本身是否僅引發企業活動單純的區位移轉,而沒有新活動的產生;企業所創造的附加活動(投資或生產的所得)是否與所享受的租稅優惠比例相當;以及區位的移轉是否單純因為此項優惠措施產生。

依據上開的認定要點,OECD於2000年報告中公布會員國中所存在的47個可能構成有害租稅優惠措施及35個租稅天堂名單。可能構成有害租稅優惠的制度,諸如澳大利亞的境外銀行、愛爾蘭的國際金融服務中心等;租稅天堂則包括巴拿馬、格瑞納達等[13]。OECD希望各會員國在2005年底以前將經確認的有害租稅措施予以廢止或逐漸取消,否則會員國得針對不合作的租稅天堂,採取相關的防衛措施(defensive measures)予以制裁[14]。

雖然OECD的報告中強調這個計畫無意提倡所得稅或稅制的一致化,或指導各國決定其最適稅率,而是希望確保租稅的負擔可以更為公平,並使租稅不會成為決定資本配置的關鍵因素。不過,盧森堡、瑞士等國家均不同意採納該項報告,美國前財政部部長 Paul O'Neill 於 2001年5月表示:「美國不支持任何命令他國調整稅制的作法,也不同意建構全球單一化稅制,以維持政府間的競爭,」其亦對OECD消除有害租稅的作法持保

---

13 詳細名單可參閱OECD(2000)。
14 防衛措施包括:不允許相關交易的扣抵及免除、要求相關的交易提供更詳細的資訊、對租稅天堂的居民加徵稅賦等。

留的態度[15]。OECD在最近的策略調整為加強資訊的交換以及增加透明度，至於對於不合作的國家部分，則建議以雙方協商的方式來解決。OECD並承諾在對其所屬會員國採行防衛措施前，不會對非會員國採行防衛措施。

　　進一步藉由OECD的規範檢視台灣相關的產業租稅獎勵措施。目前OECD在本份報告中僅先針對影響金融及其他服務業活動部分區位移動的租稅政策，提出消除有害租稅競爭的建議，尚未涉及實質投資部分，而目前台灣促進產業升級條例、加工出口區管理設置條例、科學工業園區管理設置條例等所提供的租稅獎勵，多基於促進產業實質發展而訂，所提供的相關活動獎勵亦均局限在研發、設廠投資、製造加工為主，並未單純針對金融及其他服務業的活動提供獎勵。

　　即便是提供公司設立營運總部的獎勵，公司亦應雇用一定的員工或掌握部分實質營運活動，公司並不會單純因為這些優惠措施而轉移設廠區位。至於提供金融等服務業部門的獎勵，亦以業者本業活動的獎勵為主(例如，國際金融業務條例僅提供國際金融業務分行的所得免稅)，並未如租稅天堂般提供業者極佳的財務操作空間。因此，本份報告所衍生的各項可能後續處理，並不會直接影響台灣目前的產業租稅獎勵政策。然而，OECD提供租稅天堂及租稅措施是否有害的認定要點中，所強調的透明性、資訊有效提供及其他包括避免不當操縱稅率或稅基、遵

---

15 參閱國際知名會計師事務所KPMG(2001)，Taxalert，Issue 3 ，http：//www.kpmg.com.hk。

守移轉訂價的一般性原則等，仍值得台灣未來訂定租稅獎勵時參考。

OECD在2001年所發表的有害租稅工作進度報告中指出，被列名租稅天堂的35個地區中，已有巴哈馬、百慕達等28個地區同意合作，OECD也積極與會員國及非會員國進行多次會議及會談，有害租稅競爭已形成國際間處理租稅的重大議題。雖然台灣並非OECD的會員國，不至於馬上面臨其他國家對台灣租稅政策加以檢視進而採取防衛性措施。不過，正當台灣積極吸引外資之際，仍應密切注意此一趨勢的發展，並儘量避免訂定有害的租稅優惠措施，建構符合國際標準的稅制，以維持與國際間良好的互動關係[16]。

二、吸引外資的政策建議

目前各國為吸引投資、促進當地經濟發展與就業，爭取國際大廠的競賽時有所聞[17]。2001年11月，英國Lancaster大學發展經濟學教授Vudayagi N. Balasubramanyam在OECD所舉辦的「國際投資全球論壇」研討會中講演指出，目前理論及實證研究指出有十項因素影響國外直接投資(FDI)的流向：

1. 地主國市場規模(平均每人GDP)及成長潛力(GDP成長率)最具影響力。

---

16 OECD於1998、2000及2001年所發布有害租稅競爭的報告，可參閱OECD網站，亦可參閱黃志文(2003)。

17 例如，2001年BMW在德國來比錫的建廠案、2000年在英國的Nissan車廠威脅遷廠等，相關案例可參閱Charlton(2003)。

2. 要素稟賦（天然資源及人力資源）對投資導向的國外廠商具有重要吸引力。

3. 基礎建設（包括運輸及通訊網路）。

4. 總體經濟穩定度，其中匯率及低物價很具重要性。

5. 政治穩定度。

6. 穩定及透明化的FDI政策架構。

7. 扭曲的經濟及商業環境（包括配額及高關稅之進口障礙或出口補貼）。

8. 財政及貨幣獎勵，其中以租稅減免扮演重要角色。

9. 區域集團及優惠貿易協定國家。

10. 賦予國外廠商壟斷地位，以獲取經營管理知識或技術移轉等。

雖然外資對於地主國（host country）可能帶來技術的擴散、創造就業機會及帶動投資等效果，但提供誘因也可能產生諸如引進技術不適合本國企業技術層次、國內外廠商資源配置扭曲等風險，而使吸引外資的效益大打折扣（表5-3）。

至於政府是否應以獎勵措施爭取外人直接投資，亦眾說紛云，反對者認為：

1. 各國常因為吸引外資，所提供的金融補助及租稅補助會造成經濟無效率，並扭曲資源分配；

2. 各國競相爭取外資，所需付出的成本就愈大，此等投資獎勵對吸引外資並無幫助，只是徒然增加成本負擔而已；

3. 被投資國對跨國企業所能帶來的好處認知不足，因此所提供的獎勵可能過多；及

表5-3　國外直接投資的潛在效益及成本

潛在效益	潛在成本
1. 資本形成。	1. 排擠效果。
2. 增加就業。	2. 為新雇人員所額外支付成本。
3. 提高經營效率。	3. 壟斷國內市場。
4. 對國內廠商的向前及向後聯結效果。	4. 國內失去關鍵技術控制權。
5. 示範效果(出口、技術、管理)。	5. 只提供國內人員低階職務。
6. 當地員工訓練。	6. 外商技術移轉造成國內研發誘因降低。
7. 技術移轉及外部效果。	7. 外商利潤匯回對國際收支負面影響。
8. 進口替代效果。	8. 濫用內部移轉訂價導致稅收損失。
9. 租稅及薪資支付。	9. 外商資金匯入造成國幣升值。
	10. 造成國內外勞工、環保的不公平性。

資料來源：李政達(2001)。

4. 政客遊說政府官員給予跨國企業投資獎勵，行政部門因政治考量而給予過多優惠。

但是，贊成提供獎勵措施者則認為：

1. 外資具有外部經濟效果。外資具有技術及管理經驗的優勢，對國內技術提升、人才培養或企業管理等會產生動態學習效果之外部利益者，有必要予以獎勵補助。若任由市場力量運作，將產生投資不足的現象。

2.公共財性質。外商投資在具公共財性質的產業(如交通運輸)，將有助一國經濟競爭力的提升，故有必要予以獎勵。

雖然是否應以獎勵措施爭取外人直接投資的爭議不斷，但1995年聯合國貿易暨發展委員會(UNCTAD)發行的《有關投資誘因及國外直接投資報告》指出，製造業部門仍經常是各國政府優惠措施的主要對象，而已開發國家比較傾向採用金融獎

勵，較少採用必須送國會審查且較耗時才通過的租稅優惠措施。

　　為提高各國吸引外資的效益並降低其成本，OECD在2003年4月所舉行的國際投資和多國企業會議中，會員國通過一份吸引國外直接投資的政策建議清單（OECD's checklist on FDI incentives）（表5-4），提供各國在規劃誘因吸引外資時，得以降低風險及避免無謂成本的參考。在這份吸引外資政策的建議清單中，OECD提供的評估準則共20項，包括先確認FDI誘因的適當性、政策的設計與執行、策略與工具的適當性、計畫的設計與管理、政策透明化與評估及境外效果等項。

　　目前台灣對於外人的投資係採核准制，但逐漸採積極開放的態度來吸引跨國企業到台灣投資；未來台灣在研擬吸引外資政策時，亦可將這些項目納入評估的項目中。尤其是，在擬定租稅獎勵吸引外資時，應審慎評估措施的透明度、成本效益等。

第三節　各國租稅獎勵的重點與趨勢

　　在前二節中，我們針對WTO及OECD兩個重要的國際經濟組織，對於租稅獎勵運用上的規定與限制進行了解。WTO對於會員租稅獎勵的運用，主要以可以採用（即其他國家不可控訴的補貼）與應避免採用（可控訴及禁止性補貼）為原則。OECD則主張會員國與非會員國應避免採取有害的租稅獎勵吸引投資，以免造成國際貿易上的損害。

　　本節則將針對二次大戰後經濟發展表現優異的幾個國家運用租稅獎勵的情形及趨勢予以介紹，以供台灣未來在採行租稅

表5-4　OECD吸引外資的建議清單

◆提供 FDI 誘因的適當性
　　1. FDI 誘因工具是否經過審慎評估？
　　2. 是否充分了解改善環境與誘因的關連性？
◆政策的設計與執行
　　3. 提供 FDI 誘因目標明確及標準為何？
　　4. FDI 誘因的目標、標準制定及推行與負責執行單位？
　　5. 管轄權重疊的地方，如何防止誘因被抵消或失效？
◆策略與工具的適當性
　　6. 吸引 FDI 的政策與其他的政策是否相當明確？
　　7. 提供本國企業的優惠待遇對外國企業所產生的影響是否充分了解？
　　8. FDI 誘因的提供是否會改變政策目標的優先次序？
　　9. 是否注意到效率的極大化及長期的成本極小化？
◆計畫的設計與管理
　　10. 計畫是否確實經過各種必要因素的評估？
　　11. 誘因的時間效果正確嗎?會不會產生濫用或弊病的情形？
　　12. 限制執行單位對支出的要求，是否提供適當的安全網以避免浪費？
　　13. 對於超出執行單位能力的大型計畫是否提供執行程序？
　　14. 誘因計畫的最大持續時間為何?
◆政策透明化與評估
　　15. 是否建立明確的準則，以評估成本－效益?
　　16. 成本－效益評估是否符合一般性準則?
　　17. 針對不可量化的效益是否建立其他的評估方式?
　　18. 提供 FDI 誘因的程序是否公開給決策者、有關委員、及大眾？
◆境外效果
　　19. 是否確認誘因工具符合國際規範?
　　20. 是否充分評估誘因政策所可能引發的國際競賽等效果?

資料來源：OECD(2003)。

獎勵上的參考。不過租稅獎勵的優劣程度在各國間比較甚不容易，因為基本稅制的不同將影響租稅優惠項目的訂定，而兩稅合一與否及其採行的方式亦將影響企業實際稅負的高低。為便於分析，本文中將針對與台灣貿易關係較為密切的幾個已開發與開發中國家的租稅優惠措施進行分析比較。

一、新加坡

新加坡天然資源貧乏，靠著良好的地理位置、自由貿易政策及卓越行政效率等優勢，成功吸引外資前往投資，經濟競爭力名列前茅。目前製造業及服務業是帶動新加坡經濟成長的主要動力，1961年成立的「新加坡經濟發展局」(Singapore Economic Development Board, 簡稱EDB)及1983年所成立的「貿易發展局」分別負責產業的發展與貿易的開拓事項。

為了帶動產業與經濟的發展，新加坡政府除租稅獎勵外，亦透過創新發展計畫、本地企業技術協助計畫、企業發展計畫提供補助，本地企業融資計畫、區域化融資計畫提供低利貸款，專利申請補助等，協助企業提升研究與發展的能力，降低企業成本[18]。以下則就新加坡的租稅環境加以說明：

(一)所得稅稅制

新加坡的所得稅採屬地主義，在1948年即採兩稅合一完全設算扣抵制。在兩稅合一實施初期，個人最高稅率55%，公司稅

---

[18] 相關計畫內容介紹，請參閱經濟部投資業務處(2003)，《新加坡投資環境簡介》。

率是40%，經過多次的稅率調整，2002年時最高的個人稅率已降
至26%，公司稅率則降至24.5%。現行公司稅係按營利所得減除
可扣除費用、折舊、交易損失及經核准的慈善捐贈後，依淨額
的24.5%課徵。當公司盈餘以股利方式分配給股東時，合於規定
的個人股東(主要是新加坡公民或永久居民)可以把公司稅率超
過個人應納稅率的部分申請退稅(近年新加坡所得稅稅率調整
情形，請參閱表5-5)。

表5-5　近年新加坡所得稅稅率調整情形

		1993年	1994年	1997年	2001年	2002年
個人		3.5%~33%	2.5%~30%	2%~28%	2%~28%	0%~26%
公司	32%	30%	27%	26%	25.5%	24.5%

資料來源：孫克難等人(1998)，新加坡政府網站。

(二)產業租稅獎勵

　　1967年12月「經濟擴張誘因法」(Economic Expansion
Incentives Act)通過前，新加坡對於工業化的推動並不積極。在
該法訂定後，1960及1970年代，爲促進經濟快速成長，星國政
府積極發展高科技與技術密集產業，並將租稅獎勵的重點放在
製造業。1986年星國政府接受該國經濟委員會(Economic
Committee)的建議，將租稅獎勵擴展適用於服務業，其中包括新
興服務業及營運總部的獎勵，另外並對金融、船運、運輸、運
籌等特定服務業提供優惠稅率。目前新加坡政府所提供的租稅
獎勵措施主要規定於「所得稅法」(Income Tax Act)與「經濟擴
張誘因法」中，主要提供予金融、產業及貿易等部門。

　　金融部門的獎勵主要為提供銀行、保險及證券等公司從事境外業務、研究與發展新金融商品、設立營運總部及財務中心等租稅獎勵。針對貿易部門的租稅獎勵主要為鼓勵貿易商在新加坡成立貿易商中心、鼓勵新加坡企業擴展海外市場。針對產業部分的租稅獎勵措施，主要為新興事業獎勵、營運總部獎勵、一般公司擴充獎勵、權利金取得減免、跨國顧問服務所得稅減免及創投基金所得稅減免等項（表5-6）。此外，為帶動產業朝高科技及附加價值高的資本密集型產業發展，基本金屬材料工業、石化與高科技化學、自動化科技產品、生物科技、資訊電子等，均為受到新加坡政府歡迎或受獎勵投資的產業。

（三）租稅改革重點

　　2001年12月，新加坡成立了經濟審議委員會（Economic Review Committee，簡稱ERC），在歷經一年多的討論後，委員會提出對經濟發展的建言報告，報告中建議新加坡以下列三項目標為發展重點：

　　1. 在全球經濟體系中，使新加坡扮演連接主要經濟體的重要環節。

　　2. 使新加坡成為企業樂於創新、發揮企業家精神及願意承擔風險的國家。

　　3. 使新加坡成為服務業及製造業等國際企業多元活絡發展的經濟體。

　　為達到上開目標，ERC在租稅方面建議政府以創造工作機會及促進經濟成長為思考方向，仿傚德國、澳大利亞、英國等

表5-6　新加坡的產業租稅獎勵摘要

獎勵對象	獎勵要件	獎勵方式
新興事業	合格的製造和服務項目。計畫需引進能大幅提升目前工業或服務業水準的新科技或生產技術，且在新加坡境內尚無從事同樣產業者。	可以免納公司所得稅，免稅期由5到10年不等。這些企業再投資時，可享5至10年的10%租稅減免。
企業發展及擴充獎勵	合格的製造和服務項目。從事新計畫、擴充或提升產能，並能因此帶來顯著經濟效益的公司。	可享10至20年的部分免稅。
營業總部獎勵	合於跨國企業統合經營的母公司。需繳足資本至少50萬元新加坡幣。每年在星的營業開支至少200萬元新幣。至少雇用4至5名高級人員和專業人士。至少從事3種營業總部形態的活動。至少有3家子公司在其管理與控制之下。	由總公司提供經認定的總管理服務，而在星獲取的所得減免10%課稅。由海外公司或關係企業匯回的所得也可享有租稅減免，免稅期可長達10年並可申請延長。
向外人融資減免	鼓勵企業向國外融資機構取得融資，以購買生產設備。	全部或部分利息免扣繳所得稅。
技術移轉權利金減免	鼓勵技術移轉至國內。	全部或部分的權利金可免扣繳稅。
創業投資獎勵	鼓勵公司在新加坡從事創業投資活動。	最高100%股權買賣損失，扣抵公司應納所得稅。
海外投資獎勵	鼓勵公司海外開發新市場或新技術。	損失從其他所得中扣除。
海外拓展投資支出雙重租稅扣減	鼓勵新加坡廠商出口新加坡產品及提供出口服務。支出項目包括設立海外行銷點、特定商刊廣告費等。	兩倍扣減海外拓展投資支出費用。
研究與發展支出超額扣抵	鼓勵公司在新加坡從事研究與發展活動。	研究與發展支出可兩倍從所得中扣抵。
設備投資折舊	鼓勵企業投資有助升級之設備或技術(省水設備、衛星運作等)。	按支出一定比例提列折舊。
工業大樓折舊	提供倉庫及飛行器之倉庫等資本支出的折舊。	可享第一年25%的折舊率。
創投基金	鼓勵創投基金的活動。	10至15年的公司稅減免。
金融、保險、資產管理公司等金融部門	鼓勵這些公司提供境外勞務活動、從事新金融商品的研究與發展等。	境外勞務所得稅10%的優惠稅率、研究與發展支出的超額扣抵等。

資料來源：新加坡財政部網站(http://www.mof.gov.sg)；經濟部投資業務處(2003)，《新加坡投資環境簡介》。

國家降低所得稅，即將個人所得稅及企業所得稅分別從2002年的26%及24.5%，在3年內降至20%，降低資本、投資及工作報酬的稅率，以吸引更多的投資、留住高技術人才。不過，為避免造成財政赤字，ERC同時建議消費稅稅率由3%調升至5%，做為財源[19]。

在基本稅制部分，ERC建議公司稅應提供集團內企業間盈虧互抵(group relief provisions)的優惠，以提高企業藉由子公司開展創新活動的意願。ERC也建議外國來源所得稅應維持，不過應放寬外國稅負扣抵等，以消除重複課稅，鼓勵企業在新加坡成立營運中心。

為因應全球化趨勢及知識經濟時代的來臨，ERC並建議提高研究與發展、智慧財產權等無形資產的租稅獎勵，並給予新創中小企業創設期租稅減免，以激發企業進行創業活動。

(四)與台灣的比較

新加坡在1986年後即開始運用租稅獎勵等工具鼓勵金融及運輸相關等服務業的發展，該國並在2002年以經濟發展、吸引投資等為目標進行稅制改革，除了持續降低企業及個人所得稅外，產業別的獎勵及研究與發展、智慧財產權等無形資產、創新等功能性活動，亦是獎勵的重點，而吸引外資及鼓勵對外投資等改善整體投資環境的租稅優惠亦持續進行。

新加坡針對產業別的獎勵，係以服務業及製造業並重，並

---

19 新加坡於1994開始課徵消費稅，稅率為3%，當時藉由開徵消費稅，將所得稅稅率由原來的30%調降至25%。

鼓勵國際性的金融、保險等服務業在新加坡設立營運據點；而台灣提供新興重要策略性產業的獎勵則偏重於製造業，政府在大力推動企業在台灣設立營運總部的同時，運用既有的租稅架構協助服務業部門增加國際競爭力，應有助於整體產業的發展。

　　新加坡近來從經濟與產業發展的觀點進行稅制改革，在相關配套(例如，調高消費稅稅率)的推動下，儘量給予企業租稅優惠的誘因。反觀台灣，過去在新增租稅獎勵措施時，相對財源的配套均未能實施，使台灣的財政赤字問題愈加惡化。是故，台灣在未來實施相關租稅優惠時，應務必遵守稅式支出評估機制，使政府在運用租稅獎勵促進產業發展的同時，不致於使財源流失過多，並使國家資源能做更有效的分配與使用。

二、日本

　　自二次大戰後，日本便透過高度干預的產業政策，即利用「行政指導」的方式，資助或禁止業者從事某些經濟活動，來促使經濟快速成長。雖然自1990年代中期以來經濟持續不景氣，1996年起「行政指導」的方式亦因傳播媒體及社會大眾交相指責為「官商勾結」，而大為減少，但其產業政策一直是台灣重要觀察及效法的對象。2001年，負責產業發展的「通產省」改制為「經濟、貿易暨產業省」(Ministry of Economy, Trade and Industry，簡稱 MITI)，目前為日本負責經濟、貿易及產業的政府機關。該機關並發表「21世紀的產業結構」，認為未來住宅、資訊通訊、能源、環境、醫療福利、流通、都市環境建設、國

際交流、人才利用、業務支援、新製造技術等11項關連產業，將是日本未來具有發展潛力的產業[20]。

(一)所得稅稅制

　　日本在所得稅部分亦採兩稅合一制，與台灣不同的是日本所採行的是股利所得扣抵法，而台灣採行完全設算扣抵法。在日本，公司所得稅有國稅(法人稅)與地方稅(法人住民稅、事業稅)，法人稅乃日本中央政府針對法人企業活動所得課徵的國稅，資本額超過1億日圓且稅前所得超過800萬日圓的公司適用，基本稅率為30%；資本額1億日圓以下且稅前所得未超過800萬日圓的公司，稅率則為22%。法人住民稅為地方自治體對設籍於該地方的企業所課徵的稅金，不論資本額多少，凡有盈餘者皆需繳納，稅率依稅前所得的不同而異。

　　法人事業稅則係地方自治體對設籍於該地方的企業，因利用該地方設施進行企業活動所課徵的稅金。課徵的稅率，稅前所得在400萬日圓以下者為5%；400萬日圓以上，800萬日圓以下者為7.3%；800萬日圓以上者均為9.6%。惟設籍於東京都的企業，倘稅前所得高於800萬日圓，其法人事業稅率為12.3%(表5-7)。

(二)產業租稅獎勵

　　日本的租稅獎勵措施，包括永久免除、課稅遞延及短期獎勵措施等。租稅獎勵分別規定於「法人稅法」、「租稅特別措施法」、「電源開發促進對策特別會計法」、「煤石油及能源供需結構高度化對策特別會計法」等法令條文中。

　　20　參閱經濟部投資業務處(2002)，《日本投資環境簡介》。

表5-7　日本企業所得稅稅率

稅前所得	400 萬日圓以下	400 萬日圓以上，800 萬日圓以下	800 萬日圓以上	800 萬日圓以上且設籍於東京都
法人稅	22%	22%	30%	30%
法人住民稅	3.8%	3.8%	5.2%	
道府縣民稅	1.1%	1.1%	1.5%	6.21%
市村町民稅	2.7%	2.7%	3.7%	
法人事業稅	5%	7.3%	9.6%	12.3%
合計	30.8%	33.1%	44.8%	48.51%

資料來源：經濟部投資業務處(2002)，《日本投資環境簡介》。

◆功能別獎勵

研究與發展活動為日本政府獎勵的重點：

1. 加速折舊。企業或個人所支付研究與發展相關的資本性支出可享4至7年的加速折舊，經常性支出如延續1年以上，則可適用遞延資產的原則，在適當時期列為費用。

2. 投資抵減。為了基礎技術研究與發展目的(例如，新原料、電子科技、生化科技、先進機器人研究等)而購置特定的可折舊資產，其購置成本的5%可作為額外特別的租稅抵減。此項投資抵減和其他投資抵減總額不得超過公司稅額的13%。為有效使用能源、回收廢棄物，以及企業與大學共同進行新藥的實驗研究，提供研究與發展費用6%的額外投資抵減優惠，但投資抵減總額不得超過公司稅額的10%。

◆中小企業獎勵

1. 設備特別折舊。中小企業取得相關機械可享7%投資抵減或30%特別折舊，包括機械設備(超過160萬日圓，或租賃總額

超過210萬日圓），提高事務處理效率的電腦設備、影印機等（超過100萬日圓，或租賃總額超過140萬日圓）、貨車（在3.5噸以上）及國內航行的船舶等（適用期間1998年6月1日至2004年3月31日）。

2. 技術強化投資抵減。中小企業試驗研究費的支出可享10%的稅額扣除（適用期間1998年6月1日至2003年3月31日）。

3. 為使個人投資者的投資更為積極，日本自1997年4月開始採行個人投資者租稅制度，規定個人投資於某特定條件下的中小企業時，包括投資當年在內，其損失得在發生損失當年起的3年內抵減完畢。

◆地區別獎勵

由於日本企業總部大都設在東京、大阪等大都市，而工廠主要集中於京濱、東海、中京等工業區，為防止廠商過度密集，並配合偏遠地區的產業發展，日本各地方政府分別制訂其獎勵措施，並依據「工業再配置法」等法律，制訂該地方的獎勵措施，不過多以政府補助及融資優惠為主要工具。

◆其他獎勵

在吸引外商投資的獎勵措施部分，日本政府所運用的工具大致可分稅金減免、提供補助金、低利融資等三大類。在租稅獎勵方面，稅金減免有兩種，一為國稅減免，中央依據「加速折舊特別措施」優惠投資外商，允許外商就其廠房、機械設備等固定投資，採用5年期限，每年20%的比例記提折舊；二為地方稅減免，地方政府根據「工業再配置法」、「農業地區開發法」等法律，自行制訂其優惠條例，內容包括事業稅、固定資

產稅、不動產取得稅、都市計畫稅等的優惠[21]。此外，依據「促進輸入及對內投資事業圓滑化臨時措施法」，凡外商投資金額超過登記資本額1/3以上的企業，或在日本設立分支機構未滿8年且從事生產、設計、開發及銷售，經通產省認定為「特定對內投資事業者」，均可適用該項條例中的下列獎勵：

1. 盈虧互抵規定。外商於企業開始3年內發生的營業虧損，可運用盈虧互抵規定，將決算期限由一般的5年延長為7年。惟外商若採用下述的加速折舊規定，則不能申請延長為7年。

2. 加速折舊規定。申請適用加速折舊規定的外商，可就其廠房、機械設備等固定資產，採用5年期限，每年20%的比例記提折舊。

3. 特別土地保有稅的免稅規定。外商於日本取得不動產，所需繳交地方政府的特別土地保有稅，由通產省協調地方政府予以免徵。惟本項優惠措施，因申請使用者不多，日本政府已於1995年4月取消。

4. 債務保證規定。為便於外資企業營運，「產業基盤整備基金」提供外資企業的債務保證，凡資金用途係採購設備或維持公司正常營運者，均可申請該項保證。惟保證額度最高為10億日圓，保證範圍最高為95%，保證期間最長5年(營運用)或10年(採購設備用)，惟須自覓再保證人。

(三)稅改重點

為建構更合理的稅制並活絡經濟，日本在2002年12月時進

---

21 參閱經濟投資業務處網站(http：//www.idic.gov.tw/)。

一步推出租稅改革方案，朝租稅中性方向努力，改革重點包括下列幾項(表5-8)[22]：

表5-8　日本2002年產業租稅改革摘要

獎勵對象	獎勵方式	適用要件
研究與發展支出	1.以當年度研究與發展費用超過前3年平均數額乘以15%計算，或以研究與發展費用總額8%至10%的比例，由企業二擇一適用投資抵減。 2.中小企業亦可享研究與費用總額 12%至15%的稅額扣抵。 3.針對產官學界共同參與有關基礎及創新的研究計畫，委託單位可享研究費用總額12%至15%的稅額扣除。	1.企業投入研究與發展，費用包括人事支出或非個人的支出、廠房機械的折舊費及海外研究與發展支出。 2.研究與發展投資抵減總額不得超過所得稅額的20%。 3.實施期限自2003年1月1日至2005年3月31日止。
IT 及研究與發展設備支出	1.IT相關的設備購置(包括電腦、網路電話設備等)，可選擇以取得費用50%加速折舊或10%所得稅抵減。 2.研究與發展用設備享有取得費用50%特別折舊。使用新興技術產品化階段設備的取得費用，可享40%加速折舊。	1.硬體軟體皆可認定為IT支出計算租稅減免，租賃費用亦可納入。 2.實施期限自2003年1月1日至2005年3月31日止
中小企業	1.研究與發展費用總額 12%至 15%的稅額扣抵。 2.保留盈餘不課稅。 3.當年資產折舊金額上限由10萬日圓提高至30萬元日圓。	實施期限自2003年1月1日至2005年3月31日止。

資料來源：日本財務省網站(http://www.mof.go.jp)。

22　2003年12月日本所提出的2004年稅改革案以降低中小企業租稅為主，包括購買未上市股票資本利得稅率由26%調降至20%等。

1. 提高研究與發展及資訊技術（information technology，簡稱IT）支出的投資抵減，以增強日本產業的競爭力。

2. 整合遺產和贈與稅，同時降低稅率，使資產在世代間移轉更順利。

3. 簡化並降低資產及股票交易所得稅以鼓勵投資。

4. 降低土地交易稅，促進土地有效利用。

5. 取消夫妻特別扣除，以簡化稅制。

（四）與台灣的比較

日本租稅獎勵係以功能別為主，主要針對企業研究與發展、設備投資及IT相關投入給予獎勵，並特別重視中小企業，將中小企業定位為未來產業與市場的中堅力量，期待中小企業能開創新產業，增加就業機會，促進市場競爭及振興地方經濟，故中小企業在所得稅、研究與發展支出上均享有特別優惠的租稅待遇。台灣在研究與發展、IT相關投入部分，亦提供投資抵減的優惠[23]，且研究與發展投資抵減率更高達30%，不亞於日本的稅制。

日本在二次世界大戰後曾積極運用產業政策，協助石化等基礎產業發展，惟石油危機後，已逐漸退出管制與干預企業的活動。目前日本並未特別針對特定高科技產業給予租稅假期的獎勵措施，這與台灣積極運用租稅獎勵等措施激勵新興產業發展的態度有所不同。

---

23 依據促進產業升級條例，投資於「網際網路及電視功能、企業資源規劃、通訊及電信產品、電子、電視視訊設備及數位內容產製等提升企業數位資訊效能之硬體、軟體及技術」的投資抵減率為13%。

三、南韓

　　南韓的電子資訊、半導體及鋼鐵等產業，是台灣在國際市場上的主要競爭對手，其在軟體業的蓬勃發展，成功推動經濟成長亦成為台灣學習的對象。目前韓國推動產業發展的主要部門為產業資源部，該單位設定在10年間以「雙頭馬車」——即以IT產業及製造業為雙軸的發展策略，生物、礦產、超電導等知識密集產業將是推動重點（韓國在各年代的經濟成長主力產業，請參閱表5-9）。此外，建構具有技術能力的中小企業與創投企業的發展基礎、致力穩定的國際貿易收支順差基礎、透過東北亞的產業合作邁向貿易大國及增加產業技術根基等，亦是政策努力的方向。為了推動科技的發展，除了租稅獎勵外，韓國政府並利用補助、低利融資、信用保證等措施，希望藉以提升產業競爭力 [24]。

表5-9　南韓各年代的經濟成長主力產業

	1960～1970 年	1980～1990 年	2000 年～
經濟成長主力產業	纖維及鞋類等勞力密集的輕工業	鋼鐵、化學、汽車、半導體等資本及技術密集產業	生物、礦產業、超電導等知識密集產業

資料來源：中華民國駐韓國代表處經濟組。

---

[24] 韓國政府提供三項科技補助計畫：1982年開始的指標性R&D計畫、1987年開始的產業技術發展計畫及1992年的先進國家計畫，補助50％至80％不等的研發經費。此外，並籌設三項基金：產業發展基金、科技推廣基金及中小企業基礎建構基金，提供5至10年低利的資金（United Nations，2003）。

(一)基本稅制

南韓實施部分設算扣抵的兩稅合一制，個人所得稅率分成
10%、20%、30%、40%四級，公司所得稅率最高為28%，其中
私人大企業(營收超過1億韓圜者)、中小企業(營收少於1億韓圜
者)及公有的農、漁、家畜協會，分別課徵28%、16%及12%的
差別稅率。

(二)產業租稅獎勵

1964年韓國國稅局成立後，便開始透過租稅獎勵促進經濟
發展，1960年代輕工業、1970年代重工業的發展及出口，租稅
獎勵均扮演重要的角色。1974年韓國政府將所有的獎勵措統一
規範於「租稅減免規制法」(Tax Incentives under the Tax
Exemption and Reduction Control Law，簡稱TERCL) 中，但由於
獎勵措施被認為過於濫用，1980年代租稅獎勵便被逐漸消減。
此外，為吸引外資前往投資，韓國政府於1998年制定外國投資
促進法(Foreign Investment Promotion Act，簡稱FIPA)，提供相
關租稅吸引外商。之後，1999年5月24日韓國並將TERCL與FIPA
整併至特殊租稅規制法(Special Tax Treatment Control Law，簡稱
STTCL)中，目前有關韓國租稅獎勵事項統一由該法規範。

依據STTCL的規定，租稅獎勵的範圍包括中小企業、技術及
人力資源發展、國際資本交易、鼓勵投資、組織重整、平衡發展、
增加社會福利、利息及其他所得、外人投資等十四項，減免的稅
目包括所得稅、營業稅、酒稅、特殊活動稅(類似台灣的娛樂稅)
及交通稅等，獎勵的方式包括免稅、加速折舊及部分扣抵等，該
法並訂有落日條款，部分獎勵措施實施最長至2003年12月31日

止。由於所有關於租稅減免的措施均規定於這項法令中,故實施期限屆滿前韓國政府勢必檢討調整實施的範圍,該項法令並不會全盤廢止[25]。韓國相關的租稅獎勵措施摘要如下:

◆產業別獎勵

韓國在1981年前曾提供石油化學、鋼鐵、電子、造船及航空等重要產業5年免稅的獎勵,但在1981稅制調整後租稅假期取消,目前STTCL並無對特別產業提供差別租稅待遇。不過,從其他中小企業新創事業獎勵範圍(新投資設立製造、研究與發展服務、傳播、資訊處理、電腦相關、科學工程、運輸、倉儲或創投等事業)及獎勵外資投資高科技的項目,仍可觀察出研究與發展服務、資訊、電子、生技等產業是當前韓國獎勵發展的重點[26]。

韓國政府特別重視中小企業的發展,除提供公司稅較優惠的稅率外,在租稅獎勵方面另提供中小企業的獎勵包括:20%投資損失準備;購置設備或資訊管理系統等3%的投資抵減;新創事業6年所得稅稅減半徵收;新創中小企業5年財產稅減半徵收、2年免登記稅等優惠。

◆功能別獎勵

1. 技術與人力資源發展的獎勵。韓國政府提供企業提撥3%

25　參閱韓國財經部(Ministry of Finance and Economy)網站(www.mofe.go.kr)。

26　高科技事業項目包括:(1)電子、資訊及發電科技,(2)精密機器及高階轉移處理,(3)原料,(4)新型原料及生物工業,(5)光學及醫學設備,(6)宇宙航行及運輸,及(7)環境能源與營建。詳細的項目可參閱林安樂等人(1999)。

至5%的技術與人力發展支出準備，扣抵以後年度的損失；當年支出15%投資抵減，或超出前4年平均支出金額50%投資抵減，二擇一(中小企業只能選擇後者)；權利金移轉所得50%免稅；企業購買權利金支出3%投資抵減(中小企業10%)等的獎勵。此外，並提供外國技術提供者5年薪資免稅的優惠。

2. 為鼓勵企業投資，企業購置自動化或流程改進的機械設備或技術、電子化供應鍊及客戶服務系統等，均得享3%的投資抵減(中小企業5%)。

3. 購置污染防治、公害防止、礦場安全、物流改善等機械設備或技術，得享3%的投資抵減。

4. 購置節約能源設備或技術投資抵減率為10%。

◆地區別獎勵

為降低首都漢城地區嚴重的污染及交通問題，韓國提供下列獎勵措施。

1. 特定資產交易的特別附加稅捐得遞延或50%免除。

2. 中小企業將設於首都2年以上的廠商搬遷者，得享4年100%所得稅減免及後續2年所得稅減半的優惠。

◆其他租稅獎勵

1. 吸引外資的獎勵。為吸引高科技及大規模製造業的外資前往韓國投資，韓國目前提供符合高科技、高科技服務業等578項獎勵類目的公司，前7年所得稅全免，後3年則減半徵收；地方稅5年免稅，3年減半徵收；以及進口資本財免進口關稅、營

業稅等的優惠。此外,在外人投資區投資達一定標準者[27],除7
免3減半外,並可享8至15年免地方稅的優惠。

2. 企業重組的獎勵,包括重整發生的資本利得得享50%減免
等優惠。

3. 增進員工福利的支出得享3%的投資抵減。

(三)稅改重點

由1990年代歷次韓國稅制調整的趨勢觀察(表5-10),降低個
人或企業的所得稅稅率、簡化及追求公平的稅制爲改革的重
點。1997年亞洲金融風暴後,韓國並將稅改重點放在鼓勵企業
改造、提高投資及消費、擴大稅基增加稅收(主要針對營業稅、
交通稅)上。有關產業的租稅獎勵措施則以強化研究與發展、創
新能力,以及協助中小企業發展上。

(四)與台灣的比較

就韓國現行的租稅獎勵措施與台灣進行比較,可發現韓國
提供中小企業租稅待遇,不論在公司稅率或投資抵減上均較大
企業爲優惠。台灣97%企業爲中小企業,雖然經濟部亦設置中小
企業處加強對中小企業的輔導,並訂有中小企業發展條例促進
中小企業的發展,但在租稅獎勵的運用上似乎無較優惠的待
遇,反而在部分項目的獎勵(例如,購置自動化設備投資抵減)
適用上被基本門檻限制住,這是未來政府應積極考量改善的部
分。不過韓國雖然提供優厚的租稅獎勵,然而卻也規定了納稅
最低額制度(即最低稅負制),其中一般公司爲稅前盈餘的15%、

---

27 例如,製造業投資5千萬韓圜、千人以上等大規模投資者。

表5-10 南韓1990年代的稅制改革

年別	調整重點
1989至1992年	1.降低薪資階級的租稅負擔,包括增加醫療支出扣除額等。 2.藉由金融資產稅率調高等,增加租稅公平性。 3.簡化個人及企業所得稅結構並調整稅率。
1993年	1.調降公司及個人所得稅稅率。 2.調整資本利得的課徵。 3.TERCL引進租稅遞延制度。
1994年	調降所得高於1億韓圜的大型公營企業所得稅稅率,由32%調降至30%;私人公司所得稅稅率從34.4%調至31.5%(小型企業稅率未調整)。
1995年	1.調降個人所得稅稅率。 2.調降大型公營企業所得稅稅率,由30%調降至28%;私人公司所得稅稅率從31.5%調降至30.10%(小型公營企業稅率從18%調降至16%,私人從19.35%調降至17.20%)。 3.強化研究與發展、智慧財產服務業等產業的租稅誘因。 4.降低營業稅負擔,尤其針對中小企業。
1996至1997年	提供技術與人力資源發展的租稅減免,尤其針對中小企業。
1998至1999年	1.降低企業重組的資本利得稅、登記稅等,鼓勵企業重組。 2.實施FIPA吸引外國人投資。 3.高附加價值服務業亦得適用投資抵減。 4.藉由擴大營業稅適用對象、提高交通稅等方式,擴大稅基。 5.簡化稅捐減免法規:TERCL與FIPA在1999年整併為STTCL。

資料來源: 韓國財經部(Ministry of Finance and Economy)網站
(www.mofe.go.kr)

中小企業為稅前盈餘的12%,這與台灣目前的規定不同。

　　在吸引外資方面,韓國似乎採取更積極的態度,不但提供外資投資設立高科技產業較本國企業更優惠的租稅待遇,一般功能性投資抵減優惠亦得適用。在台灣,除非外來投資者所投資或所設的公司為依本國的公司法成立公司,否則外國公司在台灣所設立的分公司,不具本國公司的身分,是無法享受租稅

獎勵的。

四、中國大陸

中國大陸自1978年推動改革開放以來，便積極吸引外資、發展經濟，廉價的勞工與土地，以及廣大的內需市場，使得先進國家的資金、人才不斷湧入，近年來並已成為世界上最具潛力的市場。中國大陸的「經濟貿易委員會」是負責產業政策及結構調整的機關，在其所發布的「2003年產業政策的工作思路和重點」中，揭露高新技術改造傳統產業、促進生物技術產業發展、促進新材料產業發展、淘汰落後生產能力的工藝與產品、礦產資源合理開採與利用、促進旅遊業發展、加強汽車產業管理體制的改革等為現階段產業政策工作的重點。

(一)所得稅稅制

中國大陸在1978年以前，實行嚴格的共產主義，政府掌握全國資源，不必依賴課稅即可取得服務大眾及解決社會、經濟問題所需的資源，因此屢次租稅改革，均是租稅項目的減少。1978年以後，隨著改革開放，為因應外來資金及外商蜂湧而至，加上中國大陸內部私人企業及個體工商戶興起，租稅項目即快速增加，2004年實施的稅種共有23個，按其性質和作用大致分為七類，且未實施兩稅合一制：

　　1.流轉稅類。包括增值稅、消費稅及營業稅三種稅目。

　　2.資源稅類。包括資源稅及城鎮土地使用稅兩種稅目。

　　3.所得稅類。包括內資企業的所得稅、外商投資企業和外國企業所得稅及個人所得稅三種稅目。

4. 特定目的稅類。包括固定資產投資方向調節稅、筵席稅、城市維護建設稅、土地增值稅及耕地占用稅等五種稅目。

5. 財產與行為稅類。包括房產稅、城市房地產稅、車船使用稅、車船使用牌照稅、印花稅、屠宰稅及契稅等七種稅目。

6. 農業稅類。包括農業稅及牧業稅等兩種稅目。

7. 關稅類。

(二) 產業租稅獎勵

中國大陸目前針對外商投資企業及外國人企業課徵的所得稅及提供的租稅減免優惠，主要規定於1991年所公布的「中華人民共和國外商投資企業和外國企業所得稅法」中，外商投資企業和外國企業就其在中國大陸境內設立從事生產、經營的所得，繳納企業所得稅，稅率為30%，地方所得稅，稅率為3%。

對外資企業的租稅獎勵主要包括企業別、功能別以及特定地區的優惠三種，詳言之：

◆企業別獎勵

為鼓勵外商企業往先進技術、設備事業投資，同時鼓勵外商出口產品，以及投資交通、能源建設，中國大陸目前提供相關產業租稅優惠。外商從事機械製造、電子工業等「生產性事業」經營期在10年以上者，從獲利年度起，得享2免3減半（即第1年、第2年免納企業所得稅，第3年至第5年則減半徵收）的所得稅減免優惠。從事能源、交通等重要項目投資，企業經營期在15年以上者，從獲利年度起，得享5免5減半的優惠。「高新技術產業」經營期在10年以上者，並可從獲利年度起，享有2年免

稅的優惠(生產性事業及高新技術範圍，參閱表5-11)。屬於「產品出口企業」者 [28]，在依稅免徵、減徵後，凡當年產品出口值達到當年企業產品產值70%以上者，可減按15%課徵(已按15%課徵者可按10%課徵)。屬於「先進技術企業」者 [29]，在依法免徵、減徵後，並可繼續享受3年減半課徵(已按15%課徵者，可按10%課徵)。

此外，針對下列項目亦提供15%的優惠稅率：

1. 在沿海經濟開放區、經濟特區及經濟技術開發區所在城市的老市區設立的「技術密集、知識密集的項目」、「外商投資在3,000萬美元的項目」以及「能源、交通、港口建設的項目」的生產性外商投資企業 [30]。

2. 從事港口碼頭建設的中外合資經營企業。

3. 上海浦東區從事機場、港口、鐵路、水利等建設的外商投資企業。

4. 在國家高新技術產業開發區設立的高新技術外商投資企業，以及在北京市新技術產業開發試驗區被認定為新技術企業的外商投資企業。

---

28 「產品出口企業」為當年產品的出口值占整個企業產值50%以上，且當年實現外匯收支平衡或有餘之企業。

29 「先進技術企業」為採用的技術和設備等屬於中央公布的鼓勵投資項目，具有先進性和適用性，是中國大陸短缺的，或產品是新開發的，能增加出口或進口替代。

30 技術密集、知識密集項目的生產性外商投資企業簡稱「兩個密集型企業」，係比照高新技術企業的標準進行判定。

表5-11　中國大陸生產性事業及高新技術範圍

生產性事業
1.機械製造、電子工業；
2.能源工業(不含開採石油、天然氣)；
3.冶金、化學、建材工業；
4.輕工、紡織、包裝工業；
5.醫療器械、製藥工業；
6.農業、林業、畜牧業、漁業及水利業；
7.建築業；
8.交通運輸業，包括從事搬家、搬運業務的企業，但不包括從事客運、函件物品(特快)傳遞業務的企業；
9.直接為生產服務的科技開發、地質普查、產業信息諮詢和生產設備、精密儀器維修服務業(不包括車輛、電器、計算機監視系統和普通儀器、儀表的維修)；及
10.經國務院稅務主管部門確定的其他行業。

高新技術事業
1.電子與資訊技術；
2.生物工程和新醫藥技術；
3.新材料及應用技術；
4.先進製造技術；
5.航空航太技術；
6.現代農業技術；
7.新能源與高效節能技術；
8.環境污染新技術；
9.海洋工程技術；
10.核應用技術；及
11.其他傳統產業改造中應用的新工藝、新技術科學技術。

資料來源：「中華人民共和國外商投資企業和外國企業所得稅法實施細則」，1991 年「國家高新技術產業開發區高新技術企業認定條件和辦法」，中華人民共和國財政部網站(網址：www.mof.gov.cn)。

◆功能別獎勵

中國大陸所提供的功能別租稅獎勵項目包括研究與發展支出、購置設備等。例如，自2000年開始，外商投資企業和外國企業發生的技術開發費，凡超過上年度10%者，得在當年度加計扣除50%，扣減企業當年度應納所得稅額。其中技術應是自行開發，企業對技術擁有所有權；企業應擁有專職人員從事技術開發，並應設立獨立帳冊說明技術開發費發生的狀況。

此外，外商投資企業購買境內全新自產設備，其購買設備的40%，得扣抵企業當年新增的企業所得稅[31]。

◆地區別獎勵

中國大陸幅員遼闊，爲發展經濟，規劃許多發展經濟的地區，鼓勵企業前往該地投資，依性質劃分，包括有經濟特區、經濟技術開發區、沿海經濟開放區及高新技術產業開發區等等。對於不同性質的外資企業進駐，稅法中並提供相關租稅獎勵的規定(表5-12)。一般而言，可進駐高新技術產業開發區的技術層次較高，所提供的租稅優惠條件較佳，而中西部地區則是近年來鼓勵外資前往投資的地區。

◆其他獎勵

除產業別、功能別及地區別獎勵外，爲鼓勵外國投資者在取得利潤後再投資，中國大陸也提供外國投資者從外商投資企業所取得利潤的直接再投資，可享再投資退稅(40%~100%)的優

---

31 新增的企業所得稅係指購買設備的當年度所得稅比購買設備的前一年所得稅增加的部分。不足扣抵者可往後結轉5至7年。

表5-12　中國大陸地區別租稅獎勵

區域別	適用條件範圍	優惠方式
經濟特區	依法設立或經國務院批准設立的深圳、珠海、汕頭、廈門及海南經濟特區。	1.不限企業型態，所得稅稅率減按15%課徵。 2.老市區設立的技術密集、知識密集等生產性外商投資企業，所得稅稅率減按15%課徵。
經濟技術開發區	經國務院批准在沿海港口城市設立的經濟技術開發區。	1.生產性企業，所得稅稅率減按15%課徵。 2.老市區設立的技術密集、知識密集等生產性外商投資企業，所得稅稅率減按15%課徵。
沿海經濟開放區	指經國務院批准為沿海開放區的市、縣、區。	1.生產性企業，所得稅減按24%課徵。 2.老市區設立的技術密集、知識密集等生產性外商投資企業，所得稅稅率減按15%課徵。
高新技術產業開發區	北京新技產業區、武漢東湖新技區、南京浦口高技區等53個地區[32]。	1.企業所得稅減按15%課徵。 2.國務院批准設立的高新企業經營10年以上，自開始獲利年度適用2年免稅優惠。
沿邊開放城鎮	滿洲里、琿春等邊境開放城鎮。	生產性外商投資企業，所得稅減按24%課徵。
沿江開發城市	蕪湖、九江、武漢等城市。	比照沿海開放區的優惠。
內陸開放城市	北京、石家莊、哈爾濱等內陸城市。	比照沿海開放區的優惠。
國家旅遊度假區	海南亞龍灣、昆明滇池等國家旅遊區。	外商投資企業，所得稅減按24%課徵。
貧困地區	在不發達地區投資的外商投資企業。	可減徵15%~30%。
中西部地區	外商再投資中西部地區。	外商再投資企業延長3年，減按15%課徵所得稅。

資料來源：黃長欣等人(2001)，本研究整理。

32　1991年中國國務院高新技術產業開發區核准27個，1992年核准25個，1997年再核准1個。參閱黃紀穎(2001)。

惠。特許權使用費，經國務院批准皆可以減按10%稅率徵收所得
稅，其中技術先進者，並可免徵所得稅。此外，關於外商投資
企業合併、分立、股權重組、資產轉讓等重組業務，亦提供未
屆期的租稅優惠繼續享有該等優惠 [33]。

　　又中國大陸的稅法也給予省、自治區及直轄市政府地方稅
租稅優惠的決定權，可以根據實際情況提供鼓勵外商投資的行
業及項目。

(三)稅改重點

　　中國大陸為實現階段性財經、產業政策及順應國際經貿發
展，1994年對涉外企業所得稅所作的減免修正，主要特點如下：

　　1. 由普遍優惠制改為產業別優惠制。以往所得稅法對外資
企業優惠規定係採普遍適用原則，即只要是中外合營企業，經
申請均可獲准享有稅捐減免的待遇。目前適用對象僅限於生產
性外商投資企業。

　　2. 修正後制度的另一特點為稅捐減免權限，正式以法律明
文規定，統一集中於國務院。

　　3. 改制前，中外合資企業與國外企業課稅稅率規定不一，
稅率不同、租稅負擔差異大。改制後，取消外國企業所得稅法
超額累進稅率，降低地方所得稅率為3%，統一外資企業所得稅
率為33%的單一比例稅。

　　由中國大陸針對外資的獎勵可以觀察出，中國大陸租稅改

33　以上參閱中國國家稅務總局1997年發布實施的「關於外商投資企業
　　合併、分立、股權重組、資產轉讓等重組業務所得稅處理的暫行規
　　定」。

革的重點除了簡化稅制以外，針對吸引外資所提供的租稅誘因，已改變一開始的通通有獎，轉而慎選對經濟發展較為有利的產業及亟待開發的地區，給予較高的獎勵。

(四)與台灣的比較

中國大陸推動經濟發展的時間較台灣晚，廉價的勞工與土地、廣大的內需市場，以及地方政府積極招商的態度，使得中國大陸產業發展的速度相當驚人。在外資投資的過程中，租稅獎勵事實上也扮演吸引的角色，除了藉以吸引特定產業發展外，由點的發展帶動國家整體成長力道，亦是運用租稅獎勵的重要目的。

台灣在經濟發展初期也有相類似於中國大陸的作法，亦即給予科學工業園區及加工出口區較區外廠商更優惠的租稅待遇，而該項作法也確實達到促進經濟及產業快速發展的目的。但基於租稅公平的原則，目前已逐漸將特區內外產業別租稅優惠合併，統一規定於促進產業升級條例中，除為平衡區域均衡發展的租稅優惠外，並以不扭曲廠商區位選擇為修正獎勵的重點[34]。此外，中國大陸在功能別的租稅獎勵上著墨較少，目前仍以吸引投資的相關措施為主，產業升級則是由策略性產業的挑選上加以推動。

以獎勵優惠的程度觀察，中國大陸2免3減半、達特定條件所得稅再減半的租稅減免，均不如台灣促進產業升級條例所規定的——即新增投資於新興產業達一定額度即可享5年免稅——

---

34 不過，目前台灣的科學園區、加工出口區仍保留如免關稅、貨物稅的區域租稅優惠特性。

來得優惠。不過，由於中國大陸與台灣目前發展階段及發展重點並不相同，政策獎勵的內容及作法也自然地有所差異。

五、美國

美國行政部門中並無主要負責產業發展部會（如台灣的經濟部）的設置，而是聯邦政府與各地方州政府均擁有部分職權，故產業政策並不明確，大多是透過整體經濟政策（財政政策、貨幣政策等）來影響產業活動。雖然針對部分產業，美國會以貿易保護措施因應來自國際上的競爭，但大致而言，相關措施的推動是尊重市場價格機能的運行。

為了吸引投資，商務部負責提供投資者有關投資法令規章、產品市場規模與潛力及融資等各類資訊，商務部下的經濟發展局負責協助企業財務融資、技術訓練及研究規劃等事宜，而所屬的中小企業管理局負責協助中小企業的經營與發展，包括融資及市場行銷與公司管理的訓練。國防部、能源部、內政部、農業部、航太總署等部會則均成立專責科技研發單位，並積極將研發成果移轉給民間，以促進產業技術的提升。

(一)所得稅稅制

美國並未實施兩稅合一，所得稅制兼採屬地主義和屬人主義。就美國來源所得（U.S. source of income）而言，美國的所得稅制原則上採用屬地主義，非居民之外國人（nonresident alien）應該按照美國境內來源所得向美國政府繳稅。就美國國民或居民的所得而言，美國的所得稅制原則上採用屬人主義，亦即是針對公民的國內外所得加以課稅。美國的稅賦由聯邦政府、州政府

及地方政府徵收。聯邦政府主要徵收聯邦所得稅、遺產及贈與稅、關稅、貨物稅等。州政府及地方政府則徵收州所得稅、特許規費(franchise taxes)、消費稅(sales taxes)、使用稅(use taxes)及財產稅(property taxes)等。目前聯邦公司所得稅稅率為15%至35%，個人所得稅稅率為15%至39.6%。

(二)產業租稅獎勵

在租稅政策方面，除全國一致性減稅計畫及內地稅法(Internal Revenue Code)中針對企業研究與發展、投資資源貧瘠地區等所規定相關抵減優惠外，聯邦並未另立專門法令提供產業租稅獎勵優惠。 但各州及地方政府往往會視產業的特性與規模，提供租稅假期及投資抵減等租稅誘因，吸引外人投資。為鼓勵廠商前往低度開發區域投資設廠，各州及地方政府也會制訂額外的獎勵辦法，包括水電費優惠、房租補助、地產稅減免，或工作抵減(job credit)等措施。

◆功能別獎勵

此主要針對研究與發展活動提供獎勵。依據聯邦政府歲入稅法的第174節(section 174)規定，企業得將年度內的研究與實驗支出(research and experimental costs)在當年度當作費用扣除，或將其資本化分5年以上期間分期攤銷；此外第41節的遞增研究活動抵減(credit for increasing research activities)並提供超過基礎年度的研究與發展費用(包括委託研究)，得享20%的投資抵減。

地方政府亦會針對企業購置污染防治技術或設備、節省能源計畫提供獎勵。例如，奧勒岡州州政府提供投資於污染防治技術或設備，符合環保局的規定者，可享有高達投資額50%的租

稅抵減；企業的節省能源計畫若能較目前奧州之建築法規定節
省10%以上的能源，則計畫支出的35%可抵減營業稅；投資於研
發的費用，超出基本金額部分，或超出在奧州境內銷售額10%的
部分，得以5%列入抵減額等優惠。

◆地區別獎勵

　　此乃針對投資特定地區的租稅抵減。爲協助人力提升區
（empowerment zones）、企業社區（enterprise communities）、更新
社區（renewal communities）或其他貧困地區的發展，聯邦政府歲
入稅法第1396節，提供相關的投資抵減租稅措施。例如，企業
雇用人力提升區的人力，可享20%的薪資抵減，但每人每年不超
過3,000美金。另外，企業在更新社區雇用當地人力，可享15%
的薪資抵減，但每人每年不超過1,500美金。

　　地方政府所提供的相關租稅獎勵，以加州爲例，加州政府
提供在加州投資的公司購買或租賃製造設備，以及高科技公司
設置特殊用途的建築物時，得享有6%的投資抵減。廠商自行研
發可享有11%的租稅抵減，委託其他公司研發的費用則可享有
24%的抵減。企業區（enterprise zones）設立的公司，可享2,000萬
美元賦稅抵減、每雇用 1 名員工得抵減23,400美元、投資損失最
高可在15年內沖銷等優惠。雇主爲員工所設立的托兒所設備，
亦可享有30%的抵減（每年最高5萬美元）。另外，爲鼓勵企業在
加州投資，加州政府已於1997年10月通過法令，自1998/1999年
會計年度起，投資1億5,000萬美元以上的高科技公司，可與地方
政府協商減免每年此1億5,000萬美元的財產稅，期間長達15年。
又例如，凡設在經濟發展落後地區的廠商，新建廠房或購置設

備，奧勒岡州州政府均提供為期至少3年的100%財產稅減免。

(三)稅改重點

為增加儲蓄與投資意願，並促進經濟成長，減稅計畫也一直為美國政府所採用，其中美國國會在1986年時通過雷根總統所提出的「租稅改革法案」（Tax Reform Act），則是近代一次重要的租稅改革計畫。該法案實質移轉部分個人稅負給公司負擔，對企業優惠的稅制做了較為嚴格的限制，實際的作法包括降低個人及公司所得稅稅率、縮減課稅級距等。對於特定產業或部門的特別補助或優惠，除下列符合國家安全利益者外，其他則予以削減 [35]：

1. 對研究與實驗的投資獎勵。

2. 對高風險投資事業的獎勵——給予長期資本增益課稅所得50%免計入所得課稅；最高資本增益稅從20%降低至17.5%。

3. 小型企業的形成與發展的獎勵——對創造美國大多數就業機會的小型企業，採行較和緩的公司累進稅率。

至於美國布希總統在2001年以來所公布的振興經濟方案中（表5-13），減稅的主軸亦以減少個人所得稅的稅率級距數目，以及各級距的稅率為主，其主要目的在於減輕所得稅負，提高儲蓄、工作及投資的誘因，並簡化稅務行政，希望使全體納稅人受益。至於針對企業的租稅獎勵，仍秉持對高風險的研究與投資活動及照顧小型企業為原則。

---

[35] 削減的獎勵包括投資抵減、資本利得減免，加速折舊制度則加以修正，研究與發展費用抵減率由25%降低至20%。

表5-13 美國近年來的租稅獎勵措施

法案名稱	簽署日期（人）	減稅規模	實施期間	減稅重點
2001 年「經濟成長與租稅減免調和法案」（Economic Growth and Tax Relief Reconciliation Act）	2001 年 6 月 7 日（布希總統）	35 兆美元（10 年）	2001 至 2010 年	增加 10%的新課稅級距（原最低為 15%）。個人所得稅稅率調降，最高級距稅率由 39.6%調至 35%。增加兒童的租稅扣抵額。增加照顧支出稅額扣抵。婚姻懲罰稅的減免。
2002 年「工作創造與勞工協助法案」（Job Creation and Worker Assistance Act）	2002 年 3 月 9 日（布希總統）	配合 911 事件後的經濟衰退	2001 年 9 月 10 日至 2004 年 9 月 11 日	增加企業購置資產第一年的折舊率 30%。增加汽車的折舊額。延長增加工作機會的投資抵減實施期限至 2003 年。紐約市的特別租稅優惠（增加工作機會的投資抵減、購置資產的折舊等）。
2003 年「工作與成長租稅減免調和法案」（Jobs and Growth Tax Relief Reconciliation Act）	2003 年 5 月 28 日（布希總統）	3,500億美元（部分措施是在 2001 年的法案架構下再實施減稅）	2003 至 2008 年	降低個人所得稅邊際稅率。降低資本利得稅率（約 5%）及股票股利稅（由一般所得稅率降至 15%單一稅率）。增加兒童的租稅扣抵額。婚姻懲罰稅的減免。增加企業購置資產第一年的折舊率從 30%增加為 50%。中小企業可選擇編列資本支出視同當年度費用限額，由 25,000 美元增加至 100,000 美元。

（四）與台灣之比較

相對於尊重市場機制的美國而言，台灣的產業政策較重視企業的投資與產業的升級，美國則以基礎環境的改善為主。在產業政策工具的運用方面，為提升基礎研究的能力、拓展貿易，美國多以政府補助及融資為主，較少運用租稅獎勵措施[36]。

六、歐盟國家

大部分歐盟國家所提供企業的租稅優惠可以包括投資抵減、設備及研究與發展的加速折舊、創造就業機會的租稅減免，以及弱勢區域的租稅獎勵等[37]；近來更有許多國家（如法國、荷蘭、英國等）逐漸導入促進中小企業、新創企業及資訊技術公司發展的租稅獎勵措施[38]。

例如，在德國，德西地區（原西德）各邦為創造更多就業機會及促進投資、獎勵開發高科技，而積極訂定相關輔導協助或減稅等優惠辦法；針對偏遠地區及經濟較未開發地區如薩蘭邦部分地區、北海岸地區等，政府亦設特別地區投資優惠獎勵辦法。針對一般企業（尤其是雇用低於250名員工之中小企業）並設

---

36 美國主要透過先進技術的研究計畫及補助、相關法規的制定等方式，提升產業技術能力，並透過創業育成中心及中小企業技術革新制度（SBIR）補助等機制帶動中小企業發展。實際作法請參閱王文娟（2000）。

37 弱勢區域（deprived area）係包括特殊部門及地域，例如，在比利時的高失業率地區、希臘的低度開發區及旅館業、西班牙的Canary島、礦業及出口活動等。

38 參閱Joumard（2001）。

有鼓勵研發及低利貸款等諸多獎勵措施；爲促進德東經濟復建
及鼓勵外資參與德東經濟復建，政府亦提供投資補貼、優惠融
資、信用保證等獎勵措施。不過整體而言，德國的產業獎勵措
施採用的工具以政府補助與融資優惠爲主。

　　比利時於2002年將公司稅率從40.17％調降至33.99％；中小
型企業公司稅率則從28.84％降低到24.98％。其他租稅優惠包
括：企業盈餘保留部分免稅，對新創立的企業給予前3年免預收
所得稅之獎勵等。投資「經濟發展落後地區」者可享有加速折
舊、投資抵減等獎勵措施之優惠。凡核准執行之投資計畫均可
申請減免財產稅、加速折舊、節約能源技術抵減14.5%。

　　英國目前除提供企業多項研究與發展及地區性投資補助計
畫外，就租稅獎勵部分並提供中小企業購置網際網路軟硬體設
備、研發相關費用等100%當年扣除的獎勵；爲促進企業進行科
技研究，英國並在2000年開始提供中小企業投入研發投資抵減
獎勵，2002年時則擴及到大企業亦得適用，不過抵減率爲25%。

七、各國租稅優惠的比較

　　透過相關國家的產業租稅獎勵措施觀察與比較(表5-14)，目
前國際間租稅獎勵的重點亦包括功能別、產業別及整體投資環
境改善的獎勵，其中功能別獎勵多以風險性較高的研究與發
展，以及資訊科技投入獎勵爲主，污染防治與節約能源等功能
性設備或技術投入，亦有不少國家透過租稅減免給予獎勵。至
於自動化投資抵減方面，各國多以研究與發展或節約能源設備
的形式給予獎勵，台灣的獎勵是否過於寬鬆，值得檢討。

表 5-14　各國產業租稅獎勵的比較

國家＼項目	台灣	新加坡	日本	韓國	中國大陸	其他先進國家
自動化設備或技術功能	✓ 5%至20%限度內抵減當年度起5年內營所稅應納稅額。	✓ 提供電腦、機器人及自動化設備等高科技產品之最高100%的投資扣抵（資訊家電產品約30%至50%）。	✗	✓ 企業購置自動化或流程改進的機械設備或技術得享3%的投資抵減（中小企業7%）。	✓ 購置境內自產設備支出40%得扣抵當年新增所得稅。	✗ 部分國家可能以較廣義的研發支出提供租稅獎勵。
提升企業數位效能	✓ 5%至20%限度內抵減當年度起5年內營所稅應納稅額。	✓ 提供電腦、機器人及自動化設備等高科技產品之最高100%的投資扣抵（資訊家電產品約30%至50%）。	✓ 提供IT相關的設備購置（包括電腦、網路電話設備等）加速折舊或稅額扣抵二擇一之獎勵。	✓ 企業購置電子化供應鏈及客戶服務系統等均得享3%的投資抵減（中小企業7%）。	✓ 購置境內自產設備40%得扣抵當年所得稅。	✗ 部分國家未對此項目作特別規定，不過仍可能納入一般設備投資項目中。
資源回收、防治污染治設備或技術	✓ 5%至20%限度內抵減當年度起5年內營所稅應納稅額。	✗	✓ 污染防治設備第一年加速折舊18%。	✓ 購置污染防治機械設備或技術3%的投資抵減。	✓ 購置境內自產設備40%得扣抵當年所得稅。	✓ 部分國家未對此項目作特別規定，不過仍可能納入一般設備投資項目中。多數國家多行政管理方式進行。

項目　　國家	台灣	新加坡	日本	韓國	中國大陸	其他先進國家
功能別　節約能源	✓ 5%至20%限度內抵減當年度起5年內營所稅應納稅額。	✓ 省水設備投入投資抵減。	✗	✓ 購置節約能源設備7%的投資抵減。	✓ 購置境內自產設備40%得扣抵當年新增所得稅。	✓ 部分國家未對此項目作特別規定，不過仍可能納入一般設備投資項目中。或多以補助或行政管理方式進行。
研究與發展及人才培訓	✓ 30%限度內抵減當年度起5年內營所稅抵減稅額。當年度支出超過前2年不均數時，超過部分得按50%抵減。	✓ 研究與發展支出可超額抵減。	✓ 提供基礎研究5%、合作研發6%、小型企業10%的投資抵減。超過前3年平均者15%。	✓ 中小企業15%投資抵減，設備10%。大型企業超過前4年平均50%。	✓ 技術開發費加計50%扣除。	✓ 租稅獎勵為各國共通採行的項目，補助及融資方式亦相當普遍。
產業別　策略性產業	✓ 新興重要策略性產業（製造業及相關技術服務業、農業、技術服務業等）。	✓ 新興產業、服務業、企業營運總部、國際性船務公司、貿易商等。	✗	✓ 外資投資高科技產業提供租稅假期。	✓ 針對先進技術企業及出口企業等提供差別租稅待遇。	✗ 多以補助或融資方式協助產業發展。

國家＼項目		台灣	新加坡	日本	韓國	中國大陸	其他先進國家
產業別	中小企業	✓ 雖有規定，但並未較大企業優惠。	✗	✓ 所得稅稅率較低，相關投資勵優惠較多。	✓ 所得稅率較低，相關投資獎勵優惠較多。	✗	✓ 所得稅稅率或相關投資獎勵較為優惠。
產業別	鼓勵平衡區域發展	✓ 企業投資資源貧瘠地區獎勵。		✓ 發展落後等地區獎勵。	✓ 企業遷出漢城首都地區等獎勵。	✓ 中西部地區投資獎勵。	✓ 發展落後等地區獎勵。
整體投資環境	因應景氣	✓	✓	✓ 調降相關稅率等。	✓ 調降所得稅稅率等。	✗	✓ 調降所得稅稅率等。
整體投資環境	促進投資的相關稅租減免	提供製造業及技術服務業租稅假期、實施兩稅合一、土地增值稅免徵等。	調降所得稅稅率等。		調降所得稅稅率等。		

註：✓代表有，✗代表沒有。
資料來源：本研究整理。

產業別獎勵部分，開發中國家如韓國、新加坡、中國大陸等國家，亦會針對各自重視的新興產業或高科技領域給予租稅獎勵；而日本、美國等先進國家則多以政府補助或融資等方式協助產業發展。不過針對中小企業，各國則普遍給予其較優厚的租稅環境，顯見中小企業在經濟發展過程中確實扮演不可或缺的角色。目前台灣租稅獎勵逐漸重視中小企業的發展需求，然而未來如何在稅制及租稅獎勵上考量中小企業的特性，給予更有利其發展的租稅環境，是政府應持續關注的課題。

　　整體投資環境改善的獎勵部分，平衡區域發展是各國普遍採行的租稅獎勵重點，而各國除了全國性的租稅減免措施，地方政府為了招商，亦會運用相關租稅獎勵，吸引相關產業進駐。吸引投資，以創造就業並發展經濟，已成為各國政府以及各國國內的各級政府重要的施政課題。中央政府應致力促進國內各地方政府進行良性的競爭，共同創造企業及人民最大的利益。

　　此外，各國為了促進投資、創造就業，較偏重採行降低所得稅稅率的方式，而新加坡為了刺激經濟，更採取加徵消費稅的方式來因應。事實上，經濟的全球化，使得生產要素以空前的速度與規模在全球的範圍內移動，以尋求最佳的區位配置，當科技的發展使資本、技術及人才能夠較為容易地在全球各地調配時，政府可掌握的課稅對象已從移動性較高者，轉移至移動性較低者。因此，營造低所得稅稅率，並提高消費稅的作法，在未來必將成為一種趨勢。

　　整體而言，相較於開發中國家，先進國家採用的租稅獎勵措施相對較少，採取其他產業政策工具較多。台灣目前所提供

的租稅獎勵項目或優惠程度並不低於新加坡、韓國等貿易競爭
國家或日、美等先進國家,如進一步比較相關國家的租稅負擔
率,亦可發現台灣的租稅負擔率亦相對較低(表5-15),產業所面
對的租稅負擔可以說相對較輕。

表5-15　各國租稅負擔率(不含社會安全捐)

年別	台灣	美國	日本	韓國	新加坡
1970	17.5	23.2	15.3	-	-
1980	19.6	21.1	18.2	17.5	-
1990	20.1	19.8	21.8	18.1	15.1
1995	18.0	20.7	18.1	19.1	16.6
2000	13.2	22.7	17.2	21.8	15.8
平均	17.7	21.5	18.1	19.1	15.8

資料來源:財政部統計處(2003),《賦稅統計年報》。

第四節　結語

　　為配合台灣加入WTO,政府業於入會前檢視相關的法規與
措施,凡有違反相關協定的法規均已配合修正完成,因此,我
們初步可以確知目前政府所運用租稅獎勵措施應是符合各項
WTO的規範。依據WTO中「補貼及平衡稅協定」,除研究與發
展、落後地區及環保設備購置三大類為不可控訴的範圍外,其
他的特定性補貼都可能是其他會員控訴的對象。台灣目前促進
產業升級條例等法令中所提供的獎勵項目中,自動化、電子化
等功能性獎勵,以及產業別項目,目前係因影響出口實績不大、
不涉及國民待遇或者部分可以透過解釋納入研究與發展或環保

設備等，而未被其他國家提出控訴，但未來在制定相關租稅獎勵法規時，仍應審慎檢視WTO有關的規範，以免遭到其他會員的控訴。

　　為消除有害的租稅規定，OECD亦訂定相關原則約束既有的有害租稅擴大或增加，並希望各會員國將經確認的有害租稅措施予以廢止，以確保租稅的負擔可以更為公平，並使租稅不會成為決定資本配置的關鍵因素。台灣雖非OECD的一員，但未來在制定相關的租稅措施，亦應尊重OECD所訂的相關原則，加強資訊的交換以及增加透明度，以利吸引投資。目前各國亦積極提供誘因吸引外國人投資，然由於影響國外直接投資的因素很多，租稅獎勵的提供只是其中的一部分，積極善用各種產業政策工具，改善整體投資環境才是政府應投入心力的重點。

　　在挑選世界上幾個代表性的國家進行租稅優惠措施的比較後，發現台灣目前所提供的租稅獎勵項目或優惠程度並不低於新加坡、韓國等貿易競爭國家或日、美等先進國家，如進一步比較相關國家的租稅負擔率，亦可發現台灣的租稅負擔率亦相對較低，產業所面對的租稅負擔可以說相當優厚。因此，台灣在邁向先進國家之際，未來在檢討產業租稅獎勵時，除了必須配合產業發展趨勢的轉變調整相關規定外，也應參考其他先進國家的租稅獎勵規定及趨勢，妥適選擇政策工具，使台灣的租稅獎勵更能夠發揮帶動產業升級的效益。

第六章
結論與建議

　　本書經由理論分析、實證文獻的歸納，以及各國運用租稅獎勵趨勢變化的介紹，探討租稅獎勵與產業發展的關係。本章將對研究結果作一總結，並據以提出政策建議。

第一節　研究結論

一、租稅獎勵的產業政策角色

　　各國政府常基於市場失靈、動態比較利益、保護幼稚工業等理論介入市場的運作，或因為國際示範效果、消除既存扭曲等理由，而採取產業政策干預市場。然而，由於介入市場的運作往往會面臨公平、效率、政府失靈等問題，而引發政府應否積極介入市場運作的正反兩方的爭議。如何針對產業發展的情況，適切地運用租稅與非租稅工具協助產業發展，理論上並無一致性的看法，在實證上亦由於評估的方法，各有其不足之處，因此也是無法獲得一致性的結論。是故，雖然部分學者肯定租

稅獎勵具有降低業者成本、帶動投資的效果,但是部分學者仍懷疑租稅獎勵的有效性。

二、台灣租稅獎勵的成效

台灣從光復以來,政府便陸續使用各項產業政策來促進產業發展,1960年開始的獎勵投資條例以及之後的促進產業升級條例等所提供的租稅獎勵措施,四十多年來也從未間斷。台灣的租稅獎勵實施成效,可以歸納如下:

1. 租稅獎勵措施所減免的稅捐,平均每年約三百多億元,歷年稅收減免的金額約為總稅收的5%~10%左右,其中並以所得稅減免金額最高。

2. 在產業別獎勵部分,部分策略性獎勵產業(例如,半導體及資訊電子業)申請適用租稅獎勵的比例相當高,有效稅率亦低;但部分產業(例如,污染防治工業及航太工業)申請獎勵的情形卻相當少,顯示產業政策工具(例如,租稅獎勵)的提供,帶動產業投資、促進產業發展的效果,將因產業別不同,而會有所差異。大多數實證研究顯示,受獎勵產業的廠商不管在投資或營業成長上均高於其他非受獎勵產業的廠商,而此等產業的投資並可連帶影響整體經濟的發展。此外,提供策略性產業獎勵的稅收效益,有很大的機率超過稅收損失。因此,雖然租稅獎勵政策可能對受獎廠商產生「錦上添花」的效果,但不可忽視這些廠商所扮演帶動投資的信心意義。

3. 在功能別獎勵部分,功能性租稅減免中以自動化投資抵減為最大宗,其次則為研究與發展部分,人才培訓、建立國際

品牌支出及節約能源等項目則抵減金額偏低。自動化投資抵減實施多年，廠商自動化的程度已顯著提升，並視自動化為生產的必備條件，該獎勵項目的運用已然成熟，未來是否持續獎勵，值得斟酌。研究與發展、人才培訓的減免金額在近年來有較大的成長幅度，相關升級指標也均有提升，顯示企業已愈來愈重視該二項活動的投資；多數研究文獻亦顯示，獎勵研究與發展具有相當顯著的成效，世界各國亦普遍提供研究與發展活動的租稅獎勵。至於獎勵防治污染、節約能源部分，廠商申請的案件並不多，相關的指標或實證文獻亦未發現有顯著的成效。

4. 在整體投資環境部分，由於各獎勵措施實施的起迄日期不一、稅率也迭經調整，在相關統計資料掌握不易情形下，要從許多獎勵措施中將租稅獎勵工具抽離出來，單獨去估計其所帶動的成效相當不容易。尤其是，企業的投資意願除了受到成本的影響外，亦會受到國內外經濟情勢、整體投資環境等的影響，故要深入探討某項租稅獎勵措施所帶動的投資成效，更是不易。

5. 由於目前國內大多數的研究均以廠商問卷調查的方式了解租稅獎勵對廠商投資行為的影響，再進一步套入模型推估租稅獎勵對總體經濟的影響。由於一般廠商在填寫問卷時，基於自身利益的考量均會要求政府應多給予補助或獎勵，純粹以廠商問卷調查的結果估算租稅獎勵對整體經濟的成效時，便不見得十分客觀。再者，對不同的樣本廠商，在不同時期進行問卷調查，所獲得的結果可能有所不同，據此推估的租稅獎勵效果產生偏差在所難免。由於租稅減免的稅收減少金額可以具體量

化，而租稅減免的實際效益卻難以量化估計，政府運用租稅獎勵促進產業發展是否有效的爭議，勢必持續而無定論。

6. 租稅減免將使相關投入成本降低，站在自利的立場而不考量整體社會的成本或跨期所得效果時，相信不管是企業或者是個人都會贊成政府的減稅政策。是故，當政策基於選票考量或信心提振的宣示時，實施租稅獎勵的成本－效益評估，充其量只能供作參考之用。

三、租稅獎勵的國際規範與各國運用趨勢

首先，在租稅獎勵的國際規範方面：

1. 在WTO的架構下，租稅獎勵等政策工具的訂定必須遵守「國民待遇」原則，而只要是非特定性補貼，或者針對工業研究及競爭前發展活動、對貧瘠地區的補貼、對新環保設施的特定性補貼，都是可為會員接受的事項，不會被其他會員提出控訴。因此，台灣未來訂定相關租稅獎勵措施時，亦應秉持上述的原則。

2. OECD對有害租稅優惠措施認定要點包括：稅率為零或有效稅率偏低、措施具有隔離性、缺乏透明性、缺乏有效的資訊交換等。消除有害租稅優惠措施為各國的共識，這應是未來台灣修正租稅獎勵規定時，應避免觸犯的原則。在全球化趨勢下，台灣訂定租稅獎勵以吸引外資，亦應參考OECD所提供的建議評估原則，以便外資帶來的效益提高、成本降低。

其次，在各國運用租稅獎勵的趨勢方面，台灣目前所提供的租稅獎勵項目或優惠程度並不亞於新加坡、韓國等貿易競爭

國家或日、美等先進國家，如進一步比較相關國家的租稅負擔率，亦可發現台灣的租稅負擔率亦相對較低，產業所面對的租稅負擔相對於其他國家，可以說是較輕的。

第二節　政策建議

台灣租稅獎勵政策的規定一直能夠配合時代的背景及產業轉型與發展的需要適時調整。就未來台灣整體產業租稅獎勵政策，我們的建議如下：

一、善用其他非租稅獎勵工具，協助產業發展

經濟的全球化使得生產要素以空前的速度與規模在全球各國間移動，以尋求最佳的配置。為吸引國內外企業投資，營造優質投資環境，已成為各國政府努力的方向。

目前國際學術單位〔例如，瑞士的洛桑管理學院（International Institute for Management Development, Lausanne，簡稱IMD），及瑞士的世界經濟論壇（World Economic Forum，簡稱WEF）〕所發布的投資環境或國際競爭力評比報告中，競爭力的衡量項目大致包括國內經濟實力、國際化程度、政府效率、金融實力、基礎建設、企業管理、科技實力、人力及生活素質等等。為提升這些衡量項目在世界上的競爭優勢，改善投資環境，政府應該善加運用各種產業政策工具。例如，強化基礎建設、加強智慧財產權保護、提高土地變更效率，直接補助研究與發展等，都將有利於產業發展。畢竟低負稅環境的營造，只

是吸引投資因素中的一項，政府與企業不應該把租稅獎勵視為是促進投資及產業發展唯一的萬靈丹。

二、持續進行租稅改革，合理化稅負環境

　　台灣現行的租稅負擔率已普遍較美國、日本等先進國家為低，也較貿易競爭對手韓國、新加坡為低，但是一般民眾（尤其是受薪階級），仍然覺得租稅負擔沉重，並且對於政府一再給予並延長企業的租稅優惠感到租稅不公。從國際間為促進經濟發展所採行的稅制改革措施觀察，全面的降低所得稅、簡化稅制，同時擴大稅基，並且配合提高消費稅，才是主流的趨勢；針對產業所提供的獎勵，則應局限在風險較高的活動部分。因此，為了將政府有限的財政資源作更有效率的運用，同時促進租稅公平，台灣應參考國際間的趨勢，從調降所得稅並調高消費稅的方向著手，進行租稅的改革，以健全產業發展環境、帶動經濟全面發展。

　　財政部鑒於現階段全面檢討減免稅規定，有其困難與障礙，非短期內能完全解決，正參採其他國家的發展經驗，例如，美國、韓國、加拿大等國所採行最低稅負制的實施經驗，推動我國實施最低稅負制度，以有利於未來整體租稅環境公平性的提升。

三、適度修正促進產業升級條例，強化租稅獎勵功能

　　部分學者認為促進產業升級條例，就像違章建築一般，破壞原有稅制的公平性，所以對於這個違章建築，有人主張要拆、

要廢除。然而，違章建築的拆除，往往需要極大的政治魄力及執行力，才能抵擋既得利益者的壓力，否則只能在拆與不拆之間取得平衡點，亦即採漸進的方式修法，逐步回歸稅制的常軌。

　　就台灣目前的政治現況觀察，只要有關企業的獎勵措施要取消，立刻會引來廠商及立法委員的關切，政府部門也只好做出適度的調整與回應，因此，獎勵措施要全面取消相當困難，故只能在修正促進產業升級條例的同時，逐漸檢討縮減獎勵的範圍，並將獎勵集中在高風險、高外部效果的項目或企業活動上。

(一)考量知識經濟的特性，提供產業適當協助

　　知識經濟係指在一個經濟體系中，以知識的擁有、配置、創造及應用做為最重要的生產投入要素。當知識的創造與應用成為支援經濟不斷成長的主要動力，其貢獻遠超出自然資源、資本、勞動力等傳統性生產要素時，知識所衍生的產業活動，例如，知識的生成(包括自行或委託研究與發展、技術購置)、知識保障(智慧財產權、專利權)、知識的流通與交易等，應給予必要的重視。

　　目前台灣針對知識所衍生活動所提供的租稅獎勵，主要有促進產業升級條例第六條投資研究與發展及人才培訓支出投資抵減；第八條新興重要策略性產業中技術服務業(含智慧財產技術服務、研發服務業)5年免稅或股東投資抵減二擇一獎勵；第十一條自己之創作或發明專利權提供或出售所得，50%綜合所得稅減免的獎勵；以及所得稅法第四條營利事業使用外國營利事業所有之專利權所給付的權利金或技術服務報酬可免稅等四

項。這些涵蓋大部分的知識生成及知識流通與交易支出，但未涵蓋的部分則政府應思考未來是否納入租稅獎勵。例如：

1. 知識的生成可來自自行研究、共同研究或委外研究，目前自行研究的支出可依促進產業升級條例第六條適用投資抵減獎勵。共同研究亦可依契約等證明文件適用投資抵減。委外研究部分，公司委託國內外學術單位等均可適用投資抵減；惟公司委託本國公司進行研究時，只有生技醫藥產業委託國內醫藥研發服務公司之研發支出可適用(基於本國學術研究單位的技術能量不足)，其他產業之公司的委託研發支出則不可適用；此外，公司委託外國公司進行研究時，其研發支出則皆不可適用投資抵減。因此，未來政府可進一步考量不同產業的企業研究與發展活動的實際型態，定義研究與發展支出的內容，提供租稅獎勵。或者針對不同來源研究與發展支出的風險，考量給予不同的抵減率。

2. 知識保障部分，例如，智慧財產權的訴訟費用、申請專利權的支出等，政府並未提供租稅獎勵，不過已著手規劃國際專利權的訴訟貸款 [1]，未來如政府評估企業該等支出具有外部性(例如，有利於知識的擴散及衍生)，則可考量該等支出納入投資抵減範圍。不過知識保障仍應以完備法令規章為首要工作。

3. 知識流通與交易部分，目前企業固定資產、智慧財產或專利權的交易均屬所得稅法第八條第七款所稱財產交易所得，

---

[1] 為配合知識經濟發展需求，提高國內企業對於專利權權利主張的意願，行政院經建會2003年9月15日行政院財經協調會談第三次會議決議，政府應著手研擬國際智慧財產權訴訟貸款。

應就交易成交價額，減除原始取得成本及因取得而支付的一切費用後餘額課徵所得稅，公司股東以固定資產、技術或無形資產作價投資時亦同。如公司所購置或使用的專用技術或專利權係用於研究與發展，則可以當作研究與發展費用，抵減所得稅，向國外取得專利權等所給付的權利金亦得免稅。

　　然而，以技術或無形資產作價投資部分，由於目前對技術或無形資產的鑑價，多以其未來發展潛力為考量，這與實物資產的特性不同，故在交易時即予以課稅的作法，乃對虛擬之未實現的資產交易課稅，不僅使以技術或無形資產作價投資的股東估計成本項目困難，且造成一次課稅的稅負負擔過重，而影響國內外技術擁有者以技術入股的意願。因此，未來政府可考量就技術或無形資產的流通或交易稅賦課徵時點，給予緩衝期限或採取分離課稅的方式給予優惠。

　　此外，目前台灣已選定與知識運用息息相關的服務業，包括技術服務業、資訊服務業、流通服務業、醫療健康照顧服務業、觀光旅遊休閒服務業、文化創意服務業、金融服務業、通訊媒體服務業、人才培育與訓練人力資源派遣服務業、工程營造顧問服務業、環保服務業及產品設計服務業等12項，作為現階段服務業的發展重點，而這些服務業的發展著重的是知識與人才的投入，而非以機械設備或廠商的投入為主。因此，未來在策略性產業的推動上，除了應將相關服務業納入考量外，各租稅獎勵項目的適用要件或門檻，亦應深入考量服務業的特性予以調整。例如，將僱用專業技術人力比例納入新投資創立或增資擴展的門檻，或者適度調降技術服務業適用設置營運總部

租稅獎勵的認定標準。

(二)建立產業別獎勵的退出機制

目前台灣主要產業別的獎勵係以「對經濟發展具有重大效益、風險性高且亟需扶植」的「新興重要策略性產業」為主，由各目的事業主管機關就上開標準條件提出建議產品項目後，再送交經建會會同專家學者依「新興產業(產品)」、「外部性(或外溢效果)大」、「國際間競爭效果」及「現行法律尚未給予獎勵」等四項篩選原則，審查決定那些產業或產品為新興重要策略性產業，得納入獎勵範圍。

由於「對經濟發展具有重大效益、風險性高且亟需扶植」屬概念性的原則，難以量化，容易流於各自表述。以製造業及技術服務業為例，由於目前得適用「新興重要策略性產業」產品項目高達一百五十多項，產官學的會議上各委員並未能就各項產品了解其市場的真正情況，故部分產品的技術層次或領先情況往往只能從產業界代表方面得知；而各目的事業主管機關為協助企業投資，往往會持嘉惠業者的立場，容易形成只有財政部門站在捍衛財政的立場提出反對意見的情形。

此外，雖然促進產業升級條例亦賦予行政部門2年檢討的責任，但目前各目的事業主管機關在檢討「新興重要策略性產業」時，仍以增加項目為主，缺乏一套退出的機制，容易使得一種產品或技術一旦列入獎勵項目，不管是廠商後續的投資行為，或多數廠商的投入同一項產品，仍得持續享有租稅獎勵，喪失獎勵新興產業的用意。然而，新的產品或技術的開發或引進的先驅者，所承擔的市場風險必定較後進者高，而持續給予同一

產品或技術過久的租稅減免，將產生扭曲現象，並可能造成生產過剩的問題。是故，為有效利用資源，政府可評估廠商投資所需的時程，限定產品或技術退出租稅獎勵的適用期限；或給予先驅者與後追隨者差別的租稅減免程度；或給予新設與擴展的廠商不同的租稅獎勵，使租稅獎勵政策的運用更具效益。

(三)適度調整功能別獎勵項目

從各國的獎勵經驗來看，研究與發展(包括資訊技術)、資源貧瘠地區，以及針對中小企業的租稅減免為共通的獎勵重點，此等項目獎勵的外部效果顯然較受到肯定，可持續進行。至於自動化、節約能源等投資抵減項目，則可檢討調整獎勵內容：

◆研究與發展、人才培訓獎勵

獎勵企業進行研究與發展為世界各國普遍採行的措施，WTO亦視研究與發展的補貼，為不可控訴的補貼，可在一定的限度內進行補貼。相關的研究亦顯示，研究與發展的租稅獎勵具有相當不錯的獎勵成效，故持續提供租稅誘因獎勵企業進行研究與發展，將有助於產業競爭力的提升。

在過去政府提供研究與發展、人才培訓租稅獎勵時，廠商面臨最大的問題在於定義的問題。由於依促進產業升級條例在1999年12月31日修正前所訂定的「公司研究與發展人才培訓及建立國際品牌形象支出適用投資抵減辦法」中，對於「研究新產品」、「研究發展單位專業研究人員」、「生產單位改進生產技術或提供勞務技術」等的定義不甚明確，以致廠商與稅務人員對於費用的認定產生很大的差異；再者，廠商在不同年度

中同樣的支出項目，也會由於查核人員的不同，而有截然不同的獎勵適用。凡此，除造成徵納雙方爭議外，也造成行政訴願成本的提高，以致於政府招商、獎勵投資的用意受到質疑。

　　為解決上述問題，財政部在2000年4月21日訂定「公司研究與發展人才培訓及建立國際品牌形象支出適用投資抵減辦法審查要點」，將稅捐單位認定研究與發展等支出的原則，以及廠商應檢附的證明文件清楚明訂；而經濟部也於促進產業升級條例在1999年12月31日修正後，配合修正「公司研究與發展人才培訓適用投資抵減辦法」，將可納入適用的租稅獎勵項目予以明確定義，這將有助於縮小徵納雙方的歧見。但由於研究與發展及人才培訓的投資抵減從2002年2月1日起不再有適用門檻，適用投資抵減的廠商勢必大增，加上產業型態的多樣化與稅務人員流動頻繁，在未來如要減少爭訟的案件，稅務人員查稅經驗的傳承，以及持續將法院判例的結果整理並對外公布，再配合加強稅務人員產業背景的訓練與交流，應是政府部門可以努力的重點。

　　◆自動化獎勵

　　自動化獎勵在國內已實施多年，目前先進國家針對自動化或電子化設備，多以研究與發展用途的支出提供獎勵，而目前台灣提供自動化的設備或技術的獎勵係以企業購置具有「自動進料、卸料功能」、「自動監測、檢校功能」、「自動處理資料及運算功能」及「自動裝配、加工或控制生產條件功能」等的設備，或「電腦輔助設計、製造或管理所需專門技術或套裝軟體」均可享有投資抵減，這幾乎已包括企業內部所有從設計到製造、出貨的各項設備，這些獎勵是否真的具有外部效果，

或僅具獎勵投資的性質，值得檢討。此外，考量自動化投資抵減實施多年，廠商自動化的程度已顯著提升，並視自動化為生產的必備條件，該獎勵項目的運用已然成熟，故建議政府未來可將本項獎勵的項目刪除，使資源運用在更具有外部效益的設備或技術購置上，或直接回歸適用研究與發展或節約能源等獎勵項目上，較能符合帶動產業升級的目標。

不過，行之有年的自動化獎勵向來為企業申請各種租稅獎勵項目中最普遍的一種，自動化獎勵將有助於台灣生產自動化機械廠商的發展，且多次問卷調查均顯示企業在推動自動化時，需要政府協助的最重要項目為「擴大自動化輔導、補助或租稅獎勵措施」[2]，這顯示企業在購置自動化設備時，似乎已將投資抵減的優惠當作必然的成本扣除，冒然取消該項獎勵勢必影響眾多廠商的預期利益。是以，未來政府如擬取消本項獎勵，則應有相關的配套措施或採漸進式的縮減方式(例如，逐年降低抵減率，或改為整廠整線等特定項目的方式提供)，以免造成廠商的過度反應。在長期取消租稅減免後，則可將本項獎勵作為刺激景氣循環的短期工具，增加政策運用的靈活度。

◆環境保護獎勵

為解決環境污染問題，政府可採取的政策工具包括：對污染者課稅或收費、直接管制、補償、補貼、發售污染權、環境教育、污染保證金與押金退款制等方式[3]，而透過排放標準加

2　參閱經濟部統計處(2002)，《製造業自動化及電子化調查》。
3　參閱高安邦(1997)。

嚴、違規罰鍰提高、提高排放費、執行努力等方式，便可有效促使企業從事污染防治的工作。從相關的研究文獻我們可以發現，政府運用租稅工具獎勵廠商污染防治設備或技術的投入，對廠商而言的確具有誘發投資的效果，且大於其他低利融資或進口免稅等獎勵措施。不過，如果透過個別廠商實際投資污染防治設備申請租稅獎勵件數觀察，則效果並不顯著。

環境保護相關租稅獎勵的效果不彰，可能與這些設備並非營利資產，廠商投資意願本來就不高，加上購置後的操作成本高，降低業者使用意願，再加上政府行政處罰措施亦不嚴厲等有關。此外，企業在申請功能別的相關獎勵時，部分設備可能同時具備自動化或污染防治的功能，但由於自動化的資格認定較其他二項的定義為寬鬆，故在各項設備投資抵減率一致時，便可能使業者往較易通過的自動化項目申請，造成污染防治投資抵減的申請件數偏少。

經濟發展與環境保護給人的印象往往是相互衝突的，如果企業的環保意識不足，則很容易造成環境的負擔。目前世界各國正推動清潔生產的觀念，希望企業在設計、生產製造的階段時，就能以減少廢棄物的觀念進行，從源頭開始降低污染、增進廢棄物再利用的可能，並藉以創造企業的利益，創造產業永續發展的環境。部分國家更積極透過綠色稅制的課徵，將所課徵的收入投入環境改善工作，以加速環境保護工作的進行。

然而，現行台灣投資抵減或加速折舊仍以「管末」的觀念期望企業注意污染防治的工作，只要企業購買設備或技術等就給予獎勵的作法，除容易使外界認為政府在補貼污染者的印

象,業者對於環境保護的改善工作亦被動進行,改善速度過於緩慢。是故,未來台灣除應在環保執行力加強外,規劃租稅獎勵的重點可朝綠色生產設計與綠色製程改善等方面著手,再配合政府各項技術輔導的措施等,則產業污染防治及協助產業升級的工作才可望有效落實。提供廠商環境保護租稅獎勵,雖然對廠商而言具宣示的效果,但由於成效有限,故建議未來可刪除,或將其中和研究與發展相關的投入部分,納入研究與發展適用投資抵減。

◆節約能源獎勵

在歷年租稅獎勵實證研究方面,大多數的學者係以問卷的方式調查廠商投資節約能源時考量的因素,從而了解租稅獎勵對廠商投資節約能源意願的影響,而調查的結果,顯示廠商均認為政府提供租稅獎勵有其必要。惟由於給予補貼,使得多耗用能源的產業成本降低,因而反而使得該等產業產量偏高,而造成整體經濟資源配置不當,反而產生由全體納稅者補貼高耗能產業的現象。是故,部分學者指出,政府應讓能源價格機能充分發揮,提供廠商節約能源的租稅獎勵則無必要或長期下應予以取消。

由於廠商採取的節約能源措施最重要的是更換效率較高的機器設備、加強維護、變更設計減少不必要操作等以節省生產成本,故廠商往往會從自利的動機上就成本、效率兩方面考慮是否投資節約能源設備。由歷年產業節約能源效果不甚理想的情形觀察,未來政府如希望持續透過租稅獎勵帶動企業往提升能源使用效率發展,應適度讓能源價格機能發揮,並加速推動

節能標章，以及配合給予建物節能設備採購的優惠等措施，才能有效落實企業節約能源的推動工作。因此，提供廠商節約能源租稅獎勵，雖然對廠商而言亦具宣示的效果，但由於成效有限，故建議未來可刪除，或將其中和研究與發展相關的投入部分，納入研究與發展適用投資抵減。

(四)持續考量中小企業的特殊需求

基於中小企業相較於大企業具靈活應變的彈性及創造性等特性，能夠適應總體經濟的轉變，也由於中小企業較難取得外部融資，以及相對於大企業負擔更重的租稅依從成本(compliance cost)等因素[4]，多數先進國家均會提供中小企業租稅上的優惠。目前台灣政府也愈來愈重視中小企業的需求，調整相關租稅獎勵的適用規定，例如，企業分割亦得享有併購的租稅優惠，新興重要策略性產業已增列中小企業適用門檻，功能性的研究與發展投資抵減獎勵也已取消適用的金額門檻等。

但是，促進產業升級條例租稅獎勵適用對象仍限於依公司法設立的公司，將多屬獨資合夥組織型態的中小企業排除在外，而有關設立物流配銷中心、營運總部、資源貧瘠地區投資等租稅獎勵措施適用的設計，仍以大型企業為主。在維持租稅中立及避免提高稅務行政成本的前提下，未來政府可考慮以降低所得稅稅率的方式，給予中小企業租稅較高的稅率優惠。或者，以興利重於防弊的精神，直接給予會計制度較不健全的中小企業，簡化查核機制。或者，藉由非租稅工具，給予中小企

4　參閱王金凱(2001)。

業在資訊提供及融資上更多的協助，以支持中小企業的發展。

(五)其他

　　由於獎勵投資條例及促進產業升級條例長期以來一直隸屬於經濟部工業局轄下，故在條文的設計上部分適用標準及條例等幾乎是以製造業量身訂做，使獎勵有偏重於大型製造業的現象，不免讓人產生資源投入扭曲的疑慮。在服務業愈形重要下，相關服務業的目的事業主管機關應積極檢討獎勵規定的設計，尤其部分文化創意產業的隸屬目的事業主管機關仍不明確，政府應儘速予以定位，以檢討是否確實有獎勵不公平的情形發生。

　　目前台灣與產業政策較為相關的法令以促進產業升級條例為代表，而促進產業升級條例共分「總則」、「租稅減免」、「開發基金之設置及運用」、「技術輔導」、「工業區之設置」、「創業投資」、「營運總部」及「附則」等8章條文共77條，其中「租稅減免」及「工業區之設置」占主要部分，其他有關技術輔導、資金補助等產業政策工具的條文則僅占少數。不過這種現象，係與政府提供的技術輔導或資金補助等產業政策工具，多以授權子法方式訂定或法令存在有關。未來政府應多思考強化租稅獎勵以外的工具，並納入促進產業升級條例中。例如，目前租稅獎勵的目標包括鼓勵投資、合併、區域平衡發展、提升國際競爭力、員工參與經營等，政府可考量加入其他政策工具，排除產業發展障礙，以加速上開目標的達成。

　　此外，雖然工業區的設置與促進產業升級有一定的關連性，不過由於工業區的開發與設置，畢竟與其他產業輔導、獎勵措施性質上有很大的不同，且其他科學園區、加工出口區、

自由貿易港區等均有專法的立法，故建議「工業區之設置」應
單獨立法，以使促進產業升級條例能單純以促進產業升級的專
法形式存在。至於部分涉及土地法規鬆綁的條例，例如，促進
產業升級條例第五十三條有關興辦工業人擴展工業需要使用毗
連土地的規定，則可另訂「土地取得」的專章加以保留。

附錄

附錄1　獎勵投資條例租稅獎勵重點

條次	條例內容
第6條	符合獎勵類目及標準新投資創立(增資)之生產事業,得就 5(4)年免稅或加速折舊獎勵擇一適用。
第7條	投資資本或技術密集產業得延遲免稅 1 至 4 年。
第8條	創業投資事業或股份有限公司組織之營利事業投資國外特定情形者,準用第 6 條及第 7 條有關免稅規定。
第8-1條	投資興建國際貿易大樓出租者,準用第 6 條及第 7 條有關免稅之規定。
第9條	轉讓後繼續承受免稅或加速折舊。
第10條	投資生產設備 5%-20%抵減當年度應納營利事業所得稅額。
第12條	更新設備加速折舊
第13條	未分配盈餘增資配股緩課稅。
第15條	納稅限額,生產事業不得超過25%,重要生產事業及政府指定之重要科技事業 20%。
第16條	僑外投資者所得稅,由所得稅規定之扣繳義務人於給付時,按給付額或應分配額扣繳 20%,非華外投資者按 35%。
第16-1條	投資於創業投資事業所分配之盈餘,原屬該創業投資事業之證券交易所得部分,在證所稅停徵期間,免納所得稅。
第16-2條	公司投資於創業投資事業或政府指定之重要科技事業部分,不受公司法有關轉投資百分比之限制。
第16-3條	公司投資於創業投資事業者,其投資收益之 80%,免予計入所得額課稅。
第17條	僑外投資擔任董事等者,居留期間超過 183 天時,其自該事業所分配的股利,得適用 20%扣繳。
第18條	外商技術人員等居留不超過183天,不視為中華民國來源所得。
第19條	以土地投資生產事業,其土增稅分 5 年繳納。
第20條	投資繼續持有工礦業記名股票 3 年,得 15%投資抵減。

條次	條例內容
第 20-1 條	投資重要科技事業，30%投資抵減。
第 20-2 條	投資創業投資事業，20%投資抵減。
第 21 條	由國外輸入之機器、設備進口稅捐，得分期繳納。
第 22 條	生產事業應徵契稅，均依規定稅率減半徵收。
第 23 條	儲蓄定額免稅。
第 24 條	股票公開上市營所稅減徵 15%。
第 25 條	股票超過票面金額之溢價作為公積時，免予計入所得額。
第 26 條	股票交易所得減半課稅。
第 27 條	行政院得視經濟發展等狀況停徵證券交易稅。
第 28 條	證券買賣成交單及契據，免納印花稅。
第 31 條	得提列外銷損失準備。
第 32 條	建造或檢修航行於國際航線船舶、航空器及遠洋漁船所訂立之契約，免納印花稅。
第 34 條	研究與發展費用准在當年度課稅所得內減除並得加速折舊。
第 34-1 條	研究與發展費用超過以往 5 年度最高支出之金額者，其超出部分 20%得抵減當年度應納營利事業所得稅額。
第 35 條	研究與發展費用，不得低於當年度營業額之規定比率。
第 36 條	權利金免納所得稅。
第 38 條	專案合併而發生之所得稅、印花稅及契稅一律免徵。
第 38-1 條	依外國人投資條例，核准投資之生產或製造事業，解散清算後再投資，其因承受資產所發生之稅捐，準用前條之規定。
第 39 條	遷廠於工業區，其原有工廠用地出售或移轉時，應繳之土地增值稅按其最低級距稅率徵收。
第 40 條	生產事業合併後合於政府規定之規範標準者，於合併後的 2 年減徵營利事業所得稅 15%。
第 41 條	保留盈餘得不予分配之獎勵。
第 42 條	因資產重估之增值，不作收益課稅。
第 43 條	得提列外幣債務兌換損失準備。
第 44 條	編定之工業用地仍作農地使用時，得仍徵田賦。
第 45 條	政府或政府委託之機構，協議購買或徵收之工業用地，在未出售予興辦工業人之前，如確無收益者，免徵地價稅或田賦。
第 46 條	購置節約能源之機器、設備，得按 2 年加速折舊。
第 47 條	購置專供防治污染用之機器、設備，得按 2 年加速折舊。
第 48 條	工業區興建標準廠房免徵承購人之契稅；房屋稅減免 5 年。
第 48-1 條	國際觀光旅館應課徵之房屋稅，依規定之稅率減半徵收。
第 48-2 條	投資興建之展覽館及國際會議中心，其房屋稅免徵之。

資料來源：整理自全國法規資料庫。

附錄2　促進產業升級條例歷次修正重點

時間	條例內容或修正重點
1990 年 12 月 28 日公布，條文共 44 條，實施期間自 1991 年 1 月 1 日至 1998 年 6 月 30 日止	1. 加速折舊。 　公司之固定資產，專供研究與發展、節能或替代能源等設備得依 2 年加速折舊；基於調整產業結構等需要，特定產業之機器設備得縮短二分之一年限計算折舊。 2. 功能性設備、研究與發展投資抵減。 　自動化生產、防治污染設備或技術及研究與發展、人才培訓、建立國際品牌形象等支出，得按 5%-20%限度內抵減營所稅。 3. 資源貧瘠地區投資抵減。 　爲促進產業區域均衡發展，得按投資總額 20%限度內抵減營所稅。 4. 重要科技、重要投資及創業投資事業投資抵減。 　爲鼓勵重要科技、事業重要投資事業及創業投資事業之創立或擴充，提供投資事業之股東，就投資額 20%限度內抵減所得之優惠。 5. 國外投資損失準備。 　得按國外投資總額 20%內提撥國外投資損失準備。 6. 鼓勵僑外來台投資。 　依僑外投資條例申請投資核准，所得或盈餘按 20%所得稅扣繳。外商技術人員等臨時派駐未滿 183 天，不視爲來源所得。 7. 促進合理經營，鼓勵合併。 　公司經經濟部專案核准合併，因合併發生之印花稅、契稅免徵。土地增值稅准予記存。 8. 鼓勵進駐工業區。 　公司因都市計畫、區域計畫或因防治污染等需要遷廠至編定之工業區，其原有工廠用地出售或移轉時，應繳之土地增值稅按最低級距稅率徵收。 9. 鼓勵盈餘保留、加速資本形成。 　一般公司盈餘保留的額爲已收資本額限度內，指定的重要產業得在 2 倍限度內保留盈餘，超過時則按 10%課徵營所稅。 　未分配盈餘增資供擴展使用或轉投資於重要事業者，配予股東之股票緩課。 10. 鼓勵員工分紅入股。 　員工紅利轉增資取得之股票得緩課。 11. 鼓勵創投事業發展。 　創投事業未分配盈餘轉增資，股票得緩課。 12. 資產重估增值免稅。 13. 股份有限公司投資於創投事業者，投資收益 80%免稅。 14. 爲鼓勵國人創作發明，個人以自己創作或發明出售之權利金或所得，免計入綜合所得課稅。

時間	條例內容或修正重點
1995 年 1 月 27 日	1.明確規範產業包括農業、工業及服務業。 2.明定適用本條例之對象為依公司法設立之公司。 3.防治污染設備或技術投資抵減之 5 年申請期限刪除，並增加資源回收、節約能源及工業用水再利用投資抵減。 4.增加重要投資、重要科技事業之股東得選擇享有股東投資抵減之優惠。 5.延長實施之期限由 1998 年 6 月 30 日修正至 1999 年 12 月 31 日止。
1998 年 1 月 7 日	修正第 26 條，與租稅獎勵無關。
1998 年 1 月 21 日	1.配合兩稅合一制度之實施，修正第 15 條有關保留盈餘之規定，1998 年以後之保留盈餘應照所得稅法規定。 2.配合所得稅法第 42 條之修正，轉投資收益已不計入所得額課稅，故刪除第20條有關公司轉投創投事業80%投資收益之規定。
1999 年 12 月 31 日 實施期間自 2000 年 1 月 1 日至 2009 年 12 月 31 日止	1.延長實施期限 10 年。 2.配合全國能源會議結論，增訂從事二氧化碳排放減量或提高能源使用效率之投資抵減獎勵。 3.提高研究與發展及人才培訓投資抵減上限至 25%，並增列超過前 2 年研究與發展及人才培訓支出平均數者，超過部分得按 50%抵減。 4.5 年免稅或股東投抵限於新興重要策略性產業。 5.公司以未分配盈餘再投資於新興重要策略性產業者，亦可適用 5 年免稅。 6.增訂 5 年免稅獎勵之轉讓規定。 7.配合精省政府，修正地方工業主管機關。 8.刪除建立國際品牌形象支出之投資抵減。 9.刪除鼓勵盈餘保留、加速資本形成之條文（第 15、16 條）。配合兩稅合一制度之實施，回歸所得稅法規定。 10.配合兩稅合一制度之實施，刪除員工紅利轉增資取得之股票得緩課之優惠，回歸所得稅規定。
2002 年 1 月 30 日	1.因合併而發生之證券交易稅及營業稅免徵。 2.員工以紅利轉增資，取得之新發行股票採面額課所得稅。 3.增訂取消公司債千分之一證券交易稅之條文。 4.在台設立物流配銷中心免徵營利事業所得稅。 5.增訂營運總部專章，鼓勵企業在台設立營運總部，提供其獲取關係企業之管理服務或研究與發展等之所得免稅的獎勵。 6.投資抵減增加網際網路及電視功能等項目。 7.研究與發展及人才培訓之支出金額，投資抵減率由 25%限度內提高至 35%限度內。
2003 年 2 月 6 日	1.2002 至 2003 年製造業及其技術服務業新創立或增資投資，5 年免稅。 2.科學工業進口機械設備比照科學園區免課關稅。 3.5 年免稅、投資抵減年序可自行調整。

資料來源：全國法規資料庫資料整理。

附錄3 台灣租稅獎勵效果評估之文獻摘要

研究者	資料說明	主要發現、結論或建議
張文翰 (1968)	利用 1961 至 1967 會計年度總體資料。	1.GNP 與租稅減免額間之相關係數為 0.7，關係密切。 2.建議分業檢討獎勵效益，權衡稅收損失，酌予縮小減免範圍。
程杭生 (1970)	調查 1967 年 474 家受獎廠商。	1.所調查 474 家受獎廠商數及其營業額分別占全體民營事業(農漁業除外)的 0.2%及 16%，但其固定資本形成及所繳營利事業所得稅則分別占全體民營事業的27%與31%。 2.享有「5 年免稅」的廠商，其投資率(機器設備投資占營業額的比率)、稅捐成長率及雇用員工數均較一般廠商為高。 3.進口機器設備免徵及分期繳關稅之優待辦法，對進口機械投資裨益頗大。 4.建議稅捐單位對於獎勵投資的施行實況，應做經常性的記錄與分析。
江振南 (1971)	1961~1969 年總體經濟資料。	1.測得民營企業固定資本形成之稅式支出彈性係數為 1.12；當稅式支出增加 1%時，民營企業固定資本形成會增加 1.12%。 2.主管機關應積極收集及累積有關受獎資料，加強人力資本的鼓勵。
徐育珠、 侯繼明 (1973)	調查 1969 年 936 家、1968 年 753 家、1967 年 457 家受獎廠商；以及 1969 年 776 家未受獎廠商。	1.對受獎廠商言，以 5 年免稅最為重要。 2.獎勵的結果，使得廠商營利事業所得稅負減輕 56%，盈餘增加 14%。 3.將企業的獲利能力、勞動生產力、再投資率分別對受獎程度計算簡單相關係數，發現其間並無明顯關係存在。 4.受獎廠商的資本密集度、利潤率、勞動生產力均較未受獎廠商為高。 5.獎勵的目的在於鼓勵創業，而不是錦上添花。為配合經濟政策與產業結構之轉變，不同性質的產業，應給予不同程度的獎勵。
劉泰英等 人(1982)	利用新古典最適資本累積模型，計算 1970 至 1980 年總體及產業別資料。	1.前三期產值(PQ)對租賃成本(C)比的變動量，即△(PQ/C)，對投資具顯著正面影響。 2.經模擬發現進口機械，全面關稅減讓的效果最大，其次為投資抵減，再次為利率降低 0.5%，營利事業所得稅減免又次之，最後為加速折舊。 3.建議政府建立完整的產業資料。
江莉莉 (1982)	應用普通最小平方法估計民間部門與產業的投資迴歸式，評估租稅減免的促進投資效果。	1.營利事業所得稅減免取消，將使 1971~1980 年民間部門實質固定投資毛額減少 4.56%，關鍵性製造業減少 3.71%，非關鍵性製造業減少4.28%。 2.採行加速折舊將使同期民間部門實質固定投資毛額總數增加 3.42%，關鍵性製造業增加2.79%，非關鍵性製造業增加 3.27%。 3.進口機械設備一律免稅將使民間部門投資增加 17.13%，製造業增加 14.34%。 4.全面採行投資抵減將使民間部門投資增加 12.11%，製造業增加 10.69%。

研究者	資料說明	主要發現、結論或建議
林華德、謝長宏 (1984)	1971~1981 年各項總體經濟資料為分析基礎，利用系統動態模型(以1981 年值，設定各有關參數值)，進行未來 15 年的模擬分析，並評估各項租稅政策的效果。	1.民營企業保留盈餘的多寡，對未來整體經濟發展無多大影響，對稅收影響也不是很重要。 2.減徵營利事業所得稅 10%,對國民所得、資本存量、綜合所得稅收均毫無貢獻。 3.減徵營利事業所得稅 10%或 20%,並取消保留盈餘，均對國民所得與資本形成無顯著影響，唯一改變的是稅收。 4.兩稅合併對國民所得、資本存量，以及資本所得均無顯著影響，但對稅收產生重大變化；綜合所得稅的有效稅率若為現制下的 1.75 倍時，方足以維持稅收於不變。 5.獎勵投資條例期滿後，不宜再予以延長。 6.政府應建立公平合理的稅制與稅政，並防止逃漏稅。
孫克難 (1984)	1.1951~1981 年總體資料進行迴歸分析。 2.1976~1977 年受獎廠商申報資料，計 304 個有效樣本。 3.比較投資抵減實施前(1980 年與 1981 年)與實施後(1982 年與 1983 年)民營製造業機器設備投資資料。	1.由時間數列資料迴歸分析發現，影響民營製造業固定資本形成的主要因素，依次為實質產值、利息負擔及租稅減免程度。由於獎勵投資租稅減免的存在，使得固定資本形成水準具向上移動的效果；然而此制度長久存在，激勵投資的作用失效。 2.由 1976~1977 年受獎廠商資料迴歸分析發現，租稅減免程度對固定資本形成不具影響力。 3.機器設備投資抵減措施，產生改變企業投資計畫時程的效果；短期性的激勵措施，有其效果存在。 4.獎勵投資條例一旦面臨取消，是否會降低投資水準，必須加以關注。 5.全面進行稅制改革，減輕租稅扭曲程度，消除重覆課稅現象，提供公平合理的租稅環境。 6.獎勵應按功能別分別立法，彈性訂定受獎期間。
張慶輝 (1985)	應用 1965 至 1982 年企業資料，模擬實施投資抵減對投資的影響。	1.永久性的投資抵減、降低營利事業所得稅負，其效果並非十分顯著，對資源配置的作用甚微。 2.臨時性投資抵減能顯著增加企業實際投資。
侯繼明、孫克難 (1987)	利用 1983 至 1985 年資料檢定技術資本累積對技術進步率的影響。另針對 500 家製造業廠商進行問卷調查（回收 70 家）。	1.民營製造業的 R&D 投入對技術進步有顯著的貢獻，但是策略性工業與非策略性工業間，並無顯著差異。 2.影響民營企業從事 R&D 支出最重要的因素為以往公司利潤的增進，其次為預期該產業的發展潛力，再次為營業額的成長與市場占有率；不過政府提供租稅優惠仍有助於 R&D，雖低於企業內部人才培訓，但高於其他融資等措施。 3.研究與發展定義應明確界定，減少徵納雙方爭議。基於外部性的考慮，國內 R&D 活動水準相對落後，以及各國政府對 R&D 獎勵的重視，R&D 獎勵可保留，並併入適當法律中。

研究者	資料說明	主要發現、結論或建議
侯繼明等人 (1987a)	採修正的新古典學派投資需求理論,建立民營投資需求模型,模擬租稅變數變動對投資的影響。	1.全部免稅將使投資平均增加 10%,政府應降低稅率或避免高累進稅率,以利投資。若取消 5(4)年免稅,僅將稅率作小幅的降低,會使原享受各種租稅優惠的投資減少,但幅度僅 0.93%。1982、1983、1985 年間若不實施投資抵減,將造成平均每年民營投資減少 4.3 億元,減少幅度僅 0.17%,效果不大。取消所有租稅優惠會使民營投資年平均減少 77 億元,約每年減少 4.27%,影響不大。 2.產出變動增加 10%,投資增加 10%,政府應開拓市場需求。 3.各產業接受租稅優惠的廠商比率日益增加,但總體投資成長率在 1981 年以後並無顯著增加。 4.5(4)年免稅適用範圍廣,稅收損失,但適用的認定困難,致使申請手續繁雜,並使行政部門工作繁重,故宜取消,改全面降低稅率。 5.投資獎勵對促進投資效果甚微,若要長期且廣泛使用此辦法,不如全面降低稅率。
侯繼明等人 (1987b)	利用徐育珠、侯繼明(1973)1976 至 1980 年連續受獎廠商 173 家調查資料及 1976 至 1986 年 37 家廠商調查其申報資料(回收 15 家)。另調查廠商(19 家回卷)對自由化看法。	1.長期享受免稅的廠商,稅收的減少只是增加稅後超額利潤,並不是決定投資的主要因素。即使完全取消免稅優惠,1981 至 1986 年平均亦僅增加 4.7%的稅負,在 1986 年亦僅增加 4.7%稅負。從勞動生產力或勞動密集度來看,租稅優惠只是錦上添花。 2.絕大多數廠商期盼經濟自由化、租稅公平合理,但亦有半數廠商仍需要免稅優惠,存在矛盾現象。 3.對投資的免稅獎勵,重要性已大幅降低。 4.政府應放棄做為指導產業發展的領航者,政府角色在於提供充分的資訊,改善投資環境,培訓人才及公平執法。
侯繼明等人 (1987c)	調查個別廠商投資污染防治設備情形(500 份問卷,77 份回卷),並評估優惠措施的影響程度。	1.影響廠商投資污染防治設備最主要原因為改善工作環境,其次為避免受罰或抗議,純粹為受獎勵降低成本而購置者較少。取消獎勵對廠商投資意願影響不大。 2.台灣獎勵污染防治措施非常優渥,但實際鼓勵的效果並不顯著。不顯著主要是因為污染防治設備不是生利資產,而台灣目前環保單位的管制與行政懲罰措施不夠嚴厲所致。 3.污染防治措施,應能發揮激勵效果,仍可延長;但必須加強環保監督與行政懲罰手段,依產業別訂定改善污染時間表,並提供污染防治技術及金融性協助。
侯繼明等人 (1987d)	調查個別廠商投資節約能源設備情形(500 份問卷,77 份回卷),並評估優惠措施的影響程度。	1.影響廠商投資節約能源設備最主要原因為改善工作環境,其次為避免受罰或抗議,純粹為受獎勵降低成本而購置者較少。取消獎勵對廠商投資意願影響不大。 2.台灣獎勵節約能源措施非常優渥,但實際鼓勵投資節約能源設備的效果並不顯著。 3.適當的節約能源措施,應該將取得新能源的真正成本充分反映出來,獎勵措施宜視為應付石油危機的短期紓解。 4.應加強提供技術與融資協助,並適當調整能源價格。 5.長期應明訂能源政策,讓價格機能充分發揮,除非為應付短期危機問題,否則不必採行租稅補貼措施。

研究者	資料說明	主要發現、結論或建議
凌忠嫄 (1988)	以財稅資料中心所提供之 1985 年適用研究與發展投資抵減廠商共 570 家為問卷調查對象，回收 66 家。	1. 廠商研究與發展動機首在開發新產品，再依次為改善製程、改進生產管理技術，開發市場調查研究，至賦稅獎勵措施則位居動機的第 5 位。 2. 研究與發展費用作為費用列支及投資抵減，有 65%～70% 廠商認為甚具效益，顯示政府以獎勵措施促進私經濟部門研究與發展具有正面效益。 3. 研究與發展費用中，以人事及培育費用所占比例最高為 59.2%，廠房建物及機器折舊次之為 11.2%。 4. 研究與發展費用列為當期費用效益最高，投資抵減次之，加速折舊則不具效益。 5. 以當期研究與發展費用之某一比例抵減過於優惠，未實質增加研發活動亦得享受優惠，徒損失稅收，同時造成廠商從事租稅規劃以求利益，而忽視研發活動。 6. 研究與發展費用定義應更明確，以杜查核爭議。 7. 針對小規模企業給予差別抵減率獎勵與台灣目前鼓勵企業經營合理化不合，不予考慮。 8. 建議適度保護研究與發展成果。
周濟 (1988)	運用總體資料分析 5(4) 年免稅、納稅限額、加速折舊、投資抵減、減免或分期繳納機械進口稅捐等五種獎勵措施的實施績效。	1. 5(4) 年免稅措施在第 3 期受獎廠商比例相對較少，功能已大不如前，投資不但沒有增加，造成各產業的差別待遇卻比前 2 期大。 2. 美、日稅務折舊多樣，台灣加速折舊應再宣導。 3. 投資抵減在景氣好的年份申請者多，景氣不好時申請者少，並未發揮在景氣低迷時促進投資的效果。每至投資抵減辦法結束前，申請投資件數金額劇增，廠商趕搭最後一般列車心態顯著。 4. 5(4) 年免稅適用認定困難造成行政工作繁重，宜取消，採全面降低稅率。 5. 投資抵減刺激景氣時效上有落後現象。
許松根、 陳玉瓏 (1989)	以民營製造業為研究對象，探討獎投條例的租稅減免措施中有關直接稅部分對促進投資之效果。	1. 1981 年間實施的投資抵減確實有促進投資的功能。 2. 不包括投資抵減的營利事業所得稅減免亦有促進資本累積的功能，但效果比投資抵減弱些。 3. 獎投條例綜合所得稅的租稅優惠對促進投資效果相當薄弱。 4. 獎投條例第十五條的納稅限額，雖也有促進投資的功能，但其效果較為薄弱。
李金桐、 朱澤民 (1990)	根據 200 家享受 5(4) 年免稅廠商的財務資料及 1972~1986 年的總體季資料進行分析。	租稅減免僅具短期刺激效果，對廠商長期投資計畫無實質影響。

研究者	資料說明	主要發現、結論或建議
藍科正等人(1992)	以電子零組件爲抽樣對象,針對124家回卷廠商進行多變量分析。	1.在研究與發展獎勵部分 (1)一旦取消投資抵減獎勵,廠商傾向於減少研發支出的比率爲 63.86%(相對於傾向不會減少研發支出的 36.14%)。 (2)投資抵減誘發效果顯著,每增加1元 R&D 投資抵減,廠商增加研發支出期望值爲 0.166 元。 2.在自動化獎勵部分 (1)有關自動化諸多獎勵中,對廠商影響最大的是租稅獎勵,廠商每多支出1元於自動化生產設備上,約有 0.28 元的支出是來自租稅獎勵影響。 (2)自動化生產對廠商在節省人力、不良率改善及產量提升上均有顯著的正面效益。 3.投資抵減獎勵對電子零組件業廠商的研發支出有正面激勵效果,可考慮持續。 4.投資抵減獎勵對廠商採購自動化生產設備的誘發效果大於其他工具,應予以保留。 5.應加強技術、人才的支援,且使自動化抵減獎勵能夠發揮更大效果。
黃宗煌、李堅明(1993)	針對 40 家石化業進行問卷調查,並建立資本財調整成本動態模型進行實證。	投資抵減對加速折舊的比值每增加 1 個百分點,則污染防治投資額可望增加 0.20%,不過只能代表投資抵減誘發的效果大於加速折舊。
王健全等人(1994)	以 135 家回卷廠商(含 110 家申請抵減及 25 家未申請抵減廠商)爲實證對象,進行分析。	1.投資抵減對廠商之研發、人才培訓及建立國際品牌形象等支出有正向誘發效果(但祇有對研發支出部分顯著)。 2.在總效果方面,投資抵減對研發支出、人才培訓及建立國際品牌形象的誘發效果分別爲 0.209、0.113 及 0.197。 3.政府透過獎勵措施誘導企業從事人才培訓及建立國際品牌形象支出作法正確。 4.誘發效果不顯著,可能與門檻太高、財務誘因太小及費用核定認知不同有關。 5.自創品牌貸款的強化、解決仿冒及駐外單位的協助將有助於廠商在建立品牌上的努力。

研究者	資料說明	主要發現、結論或建議
王健全等人(1995)	以總體經濟模型評估自動化的總體經濟效果;並以基本化學材料、人造纖維等產業為抽樣對象,並針對294家回卷進行實證分析。	1.依據模型的推估,每 1 元的自動化生產設備投入,約有 0.13 元的國民生產毛額產出,及約有 0.05 元製造業產值的產出。 2.依據問卷調查的結果: 　(1)租稅獎勵對廠商自動化生產設備的投資影響效果約是 4.97%~13.17%,高於人才培訓的 3.03%~8.02%及低利貸款的 3.37%~8.94%。 　(2)自動化生產績效:產量增加 1 至 3 成;產品穩定度提升 1 成左右;生產週期縮短約 1 至 2 成;不良率降低 1 成半。 　(3)自動化市場績效:退貨率減少 2%~4%;訂單數增加 2%~4%;顧客抱怨減少 3%~4%;準時交貨改善 3%~4%;銷貨額增加 2%~4%。 　(4)污染防治之經濟效益:愈重視環保的企業,形象愈佳,潛在商譽及因而增加之銷售額可稱為廠商進行環保與污染防治之間接效益。 3.自動化投資抵減對廠商生產績效、市場績效均有正面影響,政府可考慮繼續運用。 4.搭配適當的工具(技術與人才培訓)才能使自動化獎勵發揮更大效果。 5.OECD 國家在自動化獎勵上的作法(包括資訊提供、技術輔導及人才培訓等)值得政府參考。
溫麗琪、柏雲昌(1997)	針對 2,000 家有排放空氣污染的工廠進行的問卷調查。	投資抵減獎勵是政府所有獎勵措施中影響廠商購置意願最大者,其次為低利融資貸款。
楊文哉(1997)	以 1993 年至 1995 年間申請研究發展、人才培訓及未申請之廠商進行問卷調查,有效問卷 88 家。	1.投資抵減對廠商投資及產出具有激勵效果。 2.租稅減免對於稅務行政及租稅公平具負面效果。 3.研究與發展定義應嚴謹明確,減少審核爭議,並加強廠商研發與人才培養的協助。人才培訓租稅獎勵應從寬認定。國際品牌形象建議採低利融資協助。
陳偉晃(1997)	利用文獻整理及高雄市 1992 至 1995 年間申請之 326 家廠商進行問卷調查,共 43 家回卷。	1.投資抵減基本是一種直接稅的補貼,等於政府以營利事業所得稅之稅收補貼受獎勵對象的投資行為,享受愈多稅額扣抵優惠的廠商,其資金成本愈低,因此它具有刺激投資,增加資本形成的功能。 2.由實證資料顯示,研究與發展之抵減措施對研發績效(新技術產出、新產品產出)與經濟效益(產品附加價值及投資報酬)均有顯著正向影響。 3.多數廠商要求降低人才培訓及建立國際品牌形象門檻。 4.政府應繼續實施加速折舊投資抵減,以加速產業升級。 5.研究與發展定義宜檢討並宣導。 6.防治污染獎勵應配合環保監督及行政懲罰,節約能源獎勵無實效宜廢止。

研究者	資料說明	主要發現、結論或建議
王健全等人(1996)	1.透過總體經濟模型推估，以及以161家問卷廠商(含 116 家申請抵減及 45 家未申請抵減廠商，涵蓋資訊電子、化學、塑膠、機械等產業)為實證對象，進行分析。 2.利用財稅中心資料選出應納營所稅 5000 家廠商為樣本，分析廠商投資行為；並利用問卷，調查出 105 家廠商對租稅獎勵的看法。	1.在研究與發展的總體經濟模型方面 　(1)R&D 對 GNP、GDP 的成長有明顯貢獻。利用問卷調查結果推估 1990~1992 年，如未有 R&D 投入，則 GNP 分別約減少 1.08%、0.98%及 10.93%。每投入 1 元的 R&D，分別約有 1.37 元、1.43 元及 1.37 元的 GNP 產出。 　(2)R&D 對製造業平均勞動產值、技術密集產業出口值也有顯著正向影響。對個別產業產值的增加、產業升級有相當程度的貢獻。 2.在問卷調查方面 　(1)一旦政府取消投資抵減獎勵，廠商在研究與發展、人才培訓及建立國際品牌形象支出上，依序會減少 18.77%，16.27%及 22.94%。 　(2)每 1,000 萬元 R&D 投資抵減，大致可以使廠商增加 1.13 件新產品，0.21 件新技術，0.58 件的新專利，及 2.57%的投資報酬率。建立國際品牌形象的獎勵，對廠商投資報酬率、銷售成長等經濟效益均有顯著正面效果。 　(3)抵減獎勵稅收損失與效益方面，在營運成本占營業收入毛額為 80%，營所稅稅率 25%假設下，當期政府 R&D 投資抵減 1 元稅收損失，可以帶來 0.311 元稅收效益，延續數期時，稅收效益應可超過稅收減少。 3.重要科技事業、重要投資事業部分 　(1)一般製造業增加 1 元的實收資本額，會導致近 0.08 元廠房機器設備的投資，但卻可使促產條例第八條受獎廠商投入 0.28 元於固定資產上，後者反應強度為前者 3.7 倍。只要廠商的廠房機械設備平均使用年限超過 7 年，稅收效益應大於稅收減少的衝擊。 　(2)適用廠商在 1992~1994 年間的投資率，約是大型一般製造業的 3 倍，營業淨額的增加相對於固定資產的比值，是一般廠商的 1.6 倍。適用廠商在投資及營業績效上顯著優於一般廠商。 4.研究與發展、人才培訓及建立國際品牌形象支出的投資抵減效果相當顯著，政府可以考慮維持。 5.研發費用定義擴大負面表列方式，以減少審核爭議並將租稅減免用於刀口上。 6.抵減門檻應適度考量中小企業需求，予以降低。 7.透明化申請程序及保障申請廠商之機密資料，以提高申請誘因。 8.其他政策工具的搭配才足以使投資抵減獎勵發揮更大成效。 9.重要科技事業、重要投資事業部分，適度降低申請資本額的門檻，對稅收應無負面效果。

研究者	資料說明	主要發現、結論或建議
孫克難等人(1997)	總體模型推估。	1.利用王健全(1996)問卷調查結果推估 1993~1994 年每投入 1 元 R&D，分別約有 1.06 元及 1.05 元的實質 GNP 產出，或約 1.14 元及 1.08 元的實質 GDP 產出。 2.R&D 支出彈性為 0.116，長期而言，每投入 1 元的研發支出可創造出 4.572 元的產出，經模擬 1 元投資抵減，稅收介於 0.6858 元~2.286 元間，顯示短期內會造成政府稅收損失，但長期增加政府稅收的可能性較高。 3.在 R&D、人才培訓及建立國際品牌形象上，不管在申請件數、投資抵減金額的獎勵上，均以電力及電子機械業為最多，但擴散效果卻不大。 4.自動化、污染防治及資源回收等投資抵減，不管在誘發效果、經濟效益及總體經濟效果上都有不錯效果。 5.1992~1994 年自動化生產對 GNP 平均影響幅度為 0.84%，對製造業產值的平均影響約 0.33%；對技術密集產業出口及平均勞動產值影響分別為 1.69%及 1.91%。 6.重要科技事業、重要投資事業受惠廠商之投資及營業淨額的成長率，皆明顯高於一般企業，因租稅優惠使投資增加，其增加的產出給政府帶來稅收的增加也將大於政府稅收的損失。惟兩稅合一後，5 年免稅不具獎勵意義，股東投資抵減則仍具優惠實效。 7.加速折舊方面，申請案少，效益不大。 8.權利金獎勵方面，無法證實權利金獎勵對廠商專利及著作權的申請產生顯著影響，可取消此項獎勵。 9.企業投資國際化方面的獎勵，有助消除國際間投資重複課稅、稅務行政的簡化，有利僑外投資的爭取。 10.合併獎勵方面，統計資料欠缺，資訊並不充分，且廠商申請件數也不多。 11.在區域平衡發展獎勵方面，適用廠商不多。 12.建議 　(1)加速折舊採用不多，建議取消。 　(2)自動化獎勵短期可保留，長期應以非租稅方式，例如，技術支援取代。 　(3)污染防治、節約能源短期可保留，長期則應落實污染者付費相關措施，並配合環保與能源政策。 　(4)研究與發展、人才培訓及國際品牌之建立有繼續必要，建議兩稅合一後，將扣抵權延伸及於股東階段。 　(5)區域平衡發展獎勵符合聚集經濟之外部性，可保留。 　(6)重要科技、重要投資事業之獎勵，兩稅合一後，5 年免稅可考慮在股東階段有抵稅權。 　(7)權利金獎勵效果不彰，可取消，並加強智慧財產權保障及提供創作發明獎等。 　(8)合併獎勵主要在消除因合併而額外增加的稅負，故有繼續存在必要。

研究者	資料說明	主要發現、結論或建議
孫克難 (1998)	文獻回顧與評估，及主要國家(日、韓、新、美、加等10國)經驗借鏡分析，研擬替代方案。	1.研究與發展、人才培訓及資源回收與用水再利用獎勵，仍應繼續推動。 2.污染防治(助長污染)、節約能源(助長耗能)、自動化設備(外部效果不大、稅收減少卻大)、國際品牌形象建立(涉違反)不宜再提供獎勵。 3.建議研究與發展、人才培訓投資抵減擴及個人股東。取消產業別租稅獎勵。縮短固定資產耐用年數。
楊忠豪 (1998)	1992~1996年間，台灣地區前500大企業之財務、稅務資料。	促進產業升級條例以研究與發展費用抵減營利事業所得稅，對廠商研究與發展行為的鼓勵效果，實證結果發現此一效果為正，但不顯著。此外，也發現政府每犧牲1元租稅損失，可誘使廠商在同年度增加約1元的研發投入。
游景貿 (1998)	財稅資料中心次級資料分析及81份問卷調查。	1.中小企業享受抵減家數及抵減額偏低，然申報營所稅稅額約有一半來自中小企業，等於中小企業稅收收入補貼大企業人才培訓支出，不公平之處顯而易見。 2.取消60萬抵減門檻，對中小企業誘發效果大於大企業。 3.建議取消或調降人才培訓投資抵減門檻、簡化申請手續。
許正偉 (1999)	問卷調查。	1.以問卷調查結果進行迴歸顯示，投資抵減對廠商的污染防治支出的確具有誘發效果，且效果大於進口設備免稅及低利貸款。 2.廠商從事污染防治的投資對總體經濟而言，雖然有物價上漲的負面影響，但效果皆不大，且污染防治投資對產出、所得、就業有微幅增加的正面效果。
褚倚華 (2000)	利用1984-1997年時間數列資料，計算投資抵減對廠商研究與發展資本需求的影響。	1.獎投時期的抵減率彈性均小於產升時期很多，政府對研究與發展每提供1元的稅收減免，在獎投時期及產升時期，分別可以增加民間約0.32元及0.47元的研究與發展支出。 2.研發資本投資抵減率彈性在產業間有差異存在，投資抵減政策對於研發密集度較高的產業效果相對較低。
許淑雲 (2000)	文獻分析及針對105份工廠管理者及108份勞動者回卷進行分析，同時以直接訪談等方式進行研究。	1.促進產業升級條例對企業投資自動化影響很低。 2.促進產業升級條例造成結構性失業。 3.短期性之投資抵減可達反景氣循環、促進投資作用。 4.租稅有不公平現象，對高科技產業具錦上添花之效果，對傳統產業較具影響力。 5.減少對市場價格機能干預，避免資源配置扭曲。宜採非租稅獎勵方式。 6.妥善安排低學歷與基層技術所釋出之人力，配合教育訓練，以因應產業轉型。

研究者	資料說明	主要發現、結論或建議
孫克難、劉涵秦 (2001)	結合 Jorgenson (1963)、Hall 與 Jorgenson(1967) 等對資本使用者成本的測定方式,計算台灣製造業及所屬產業的資本使用成本及邊際有效稅率,探討租稅減免對投資行為的影響。	1.1973 年能源危機以前,資本使用者成本較低,約在 0.12 元左右,能源危機後,大幅上升至 0.35 元,而後降至 0.25 元左右。 2.一般而言,政府實施租稅獎勵期間較沒有實施獎勵時的邊際有效稅率為低;由於租稅獎勵工具不斷增加,使邊際有效稅率差異程度逐期擴大。 3.估計邊際有效稅率,進而評估邊際有效稅率對製造業投資之影響。減稅對紡織、成衣及服飾、造紙及紙製品等傳統產業具有鼓勵投資的效果。機械設備製造修配業、電子及電子機械設備及運輸工具製造修配業等的減稅激勵投資效果較小,精密器械業、皮革皮毛業及化學材料及製品業則不顯著。可引申投資導向的經濟發展階段,租稅減免作為獎勵工具較有效,然而在以創新為導向的經濟發展階段,租稅減免的重要性大幅降低。
張翔菘 (2001)	利用可計算一般均衡(CGE)分析方法。	透過浮動匯率及固定匯率下,稅率齊一化及降低電子單一產業的租稅優惠幅度的模擬,獲致以下結論: 1.稅率齊一化下,實質國內產出上升0.02%,改善資源配置效率。 2.電子業的稅率提升 10%與 20%,分別造成實質國內產出下降 0.01%與 0.02%,顯示單獨減少一個產業的扭曲程度並不會造成整體經濟效率的提升。
黃耀輝 (2002)	檢討台灣節約能源的獎勵投資措施。	1.60 萬元的門檻限制,對中小企業不利,且金額小之節能設備不能適用。 2.節約能源設備及技術投資申請案件少,主要是因為與其他獎勵措施(如自動化、污染防治設備)高度重疊。 3.產業結構調整及能源價格合理化
卓吉成 (2002)	利用 1961 至 2001 年時間數列資料,建立直線性迴歸模型。	1.租稅誘因能促進公、民營企業投資意願,整體而言是有顯著的效果,其中早期非常顯著(1961~1980 年),近期稍微顯著(1981~2001 年),但最近期(1991~2001 年)已經不顯著。 2.租稅誘因能促高國民投資毛額及國民生產毛額,整體而言是有顯著的效果,其中早期非常顯著,近期稍微顯著,但最近期已經不顯著。
葉金標、徐偉初 (2003)	運用內生成長理論,討論對不同廠商課稅且採取投資抵減或補貼,對經濟成長率、最適稅率及研究與發展投資的影響。	1.政府增加投資抵減率,將使廠商 R&D 支出增加,且經濟成長率會上升。 2.當政府以經濟成長率為追求目標時,補貼比投資抵減效果大。 3.政府以租稅政策刺激研究與發展的增加是可行的。

參考文獻

丁仁芳、王慶輝(1996),《政府與企業》。臺北:國立空中大學。

王文娟(2000),《八〇年代以來美日產業政策及產業發展條件之比較分析》,經濟部委託研究計畫。臺北:中華經濟研究院。

王坤一(1986),《財稅政策與制度論文集》。臺北:台灣經濟研究所。

王金凱(2001),〈鼓勵中小企業發展租稅政策之探討〉,《財稅研究》,33: 5,頁150-162。

王作榮(1996),《台灣再出發的覺醒——經濟政策與經濟發展》。臺北:時報文化公司。

王建瑄、何國華(1983),〈制定賦稅減免獎勵措施之基本觀念與方向〉,收錄於財政部財稅人員訓練所(1983),《獎勵投資租稅措施的研究》(臺北:財政部財稅人員訓練所),頁373-383。

王健全、陳元保、陳厚銘、屠美亞、蔡坤宏(1996),《促進產

業升級條例有關投資抵減及放寬保留盈餘之後續評估》，
經濟部工業局委託研究計畫。臺北：中華經濟研究院。

王健全、黃耀輝、屠美亞、陳厚銘、陳秋玫(1994)，《促進產
業升級條例有關投資抵減及放寬保留盈餘之效果評析》，
經濟部工業局委託研究計畫。臺北：中華經濟研究院。

王健全、黃宗煌、蔡坤宏、傅祖壇(1995)，《政府獎勵自動化
及污染防治之效果評析》，經濟部工業局委託研究計畫。
臺北：中華經濟研究院。

朴章鎬(1996)，〈促進產業升級條例的研究〉，國立台灣大學
會計學系碩士論文。

江振南(1971)，〈促進經濟成長的稅式支出分析〉，收錄於楊
必立主編(1976)，《台灣財稅改革論文集》(臺北：聯經出
版事業公司)，頁175-194。

江莉莉(1982)，《台灣生產事業投資函數之研究》。臺北：台
灣經濟研究所。

行政院經濟建設委員會健全經社法規工作小組(1987)，《獎勵
投資條例稅捐減免規定施行的檢討與建議》。臺北：行政
院經濟建設委員會健全經社法規工作小組。

行政院經濟建設委員會健全經社法規工作小組(1988)，《獎勵
投資條例稅捐減免規定的檢討與建議》。臺北：行政院經
濟建設委員會健全經社法規工作小組。

李金桐、朱澤民(1990)，〈獎勵投資五(四)年免稅經濟效益評
估〉，《財稅研究》，22: 1，頁81-95。

李政達(2001)，《出席OECD「國際投資全球論壇」研討會報告》，

經濟部投資業務處。

李國鼎、陳木在(1987),《台灣經濟發展策略總論(上、下冊)》。台北:聯經出版事業公司。

辛炳隆、王健全(1998),《當前國內重大產業問題之及時性分析—促進產業升級條例有關研究發展、人才培訓投資抵減費用定義之研究》,經濟部工業局委託研究計畫。臺北:中華經濟研究院。

周添城、徐偉初、宋秀玲、李新仁(1989),《部門、產業間之賦稅分配研究》。臺北:財政部賦稅改革委員會。

周濟(1988),〈獎勵投資租稅措施之總體資料分析(上)、(下)〉,《財稅研究》,20: 5,頁43-47;20: 6,頁8-23。

林全、馬凱、王國梁、吳惠林、蕭代基、鄭欽龍、余津津、林慧菁(1988),《促進產業發展之獎勵政策的檢討與建議「獎勵投資條例」停止後的因應對策》,經濟部工業局委託研究計畫。臺北:中華經濟研究院。

林安樂、陳元保、林世銘(1999),《先進國家租稅政策之比較研究》,經濟部工業局委託研究計畫。臺北:中華經濟研究院。

林志森(2002),〈台灣推動產業污染防治輔導機制與成效探討〉,國立台北大學資源管理研究所碩士在職專班碩士論文。

林建山(1991),《產業政策與產業管理》。臺北:財團法人環球經濟研究基金會環球經濟社。

林華德、李顯峰(1996),〈稅式支出與國際規範性租稅準則之

研究(上)、(下)〉,《財稅研究》,27: 6,頁33-47;28: 1,頁72-96。

林華德、謝長宏(1984),〈所得稅政策與台灣經濟發展〉,《財稅研究》,16: 2,頁10-30。

卓吉成(2002),〈台灣租稅誘因與產業經濟發展之研究〉,私立佛光人文社會學院經濟學研究所碩士論文。

侯繼明、孫克難(1987),《獎勵投資條例之經濟效益評估分項報告(5)鼓勵研究發展》,經濟部工業局委託研究計畫。臺北:中華經濟研究院。

侯繼明、孫克難、劉芳瑢(1987a),《獎勵投資條例之經濟效益評估分項報告(2)鼓勵投資(個體廠商面)》,經濟部工業局委託研究計畫。臺北:中華經濟研究院。

侯繼明、孫克難、周濟(1987b),《獎勵投資條例之經濟效益評估分項報告(1)鼓勵投資(總體經濟面)》,經濟部工業局委託研究計畫。臺北:中華經濟研究院。

侯繼明、孫克難、鄭文輝(1987c),《獎勵投資條例之經濟效益評估分項報告(6)鼓勵污染防治》,經濟部工業局委託研究計畫。臺北:中華經濟研究院。

侯繼明、孫克難、鄭文輝(1987d),《獎勵投資條例之經濟效益評估分項報告(7)鼓勵節約能源》,經濟部工業局委託研究計畫。臺北:中華經濟研究院。

凌忠嫄(1988),〈台灣獎勵研究發展租稅措施之研究〉,《財稅研究》,20: 5,頁48-86。

孫克難(1984),〈台灣地區獎勵投資條例及其經濟效益之評

估〉，收錄於馬凱主編(1994)，《台灣工業發展論文集》(臺北：聯經出版事業公司)，頁191-234。

孫克難、王健全、黃耀輝、蔡坤宏(1998)，《促進產業升級條例替代方案之研究》，經濟部工業局委託研究計畫。臺北：中華經濟研究院。

孫克難(2002)，《台灣產業科技發展中的財政支持》。臺北：中華經濟研究院。

孫克難、沈旭萍(2002)，《產業賦稅環境改善的研究》，經濟部工業局委託研究計畫。臺北：中華經濟研究院。

孫克難、王健全、黃耀輝、陳元保、林世銘、蔡坤宏、屠美亞、柏雲昌、陳厚銘、陳志秀(1997)，《促進產業升級條例租稅減免獎勵措施之全面評估》，經濟部工業局委託研究計畫。臺北：中華經濟研究院。

孫克難、黃耀輝、林秀蓉(1998)，《邀請星馬韓專家講座計畫——所得稅制與租稅獎勵的經驗借鏡》，經濟部工業局委託研究計畫。臺北：中華經濟研究院。

孫克難、劉涵秦(2001)，《邊際有效匯率、租稅減免與投資行為——台灣的實證研究》。臺北：中華經濟研究院。

孫克難、何金巡、林世銘、陳韻如(2001)，《兩稅合一後產業租稅政策之研究》，經濟部工業局委託研究計畫。臺北：中華經濟研究院。

徐育珠、侯繼明(1973)，《減免營利事業所得稅以促進投資之經濟效果》。臺北：財政部稅制委員會。

馬凱(1989)，〈台灣工業政策之演變〉，收錄於馬凱主編(1994)，

《台灣工業發展論文集》（臺北：聯經出版事業公司），頁
129-189。

高安邦(1997)，《政治經濟學》。臺北：五南圖書出版公司。

莊美玉(2002)，〈租稅優惠作為經濟輔助手段之研究〉，國立
成功大學法律學系碩士論文。

葉金標、徐偉初(2003)，〈租稅政策與R&D投資：一個Barro &
Sala-I-Martin模型之應用〉，《經社法制論叢》，32: 7，頁
299-323。

張文翰(1968)，〈政府近年退稅與稅捐減免措施對財政經濟之
影響〉，收錄於楊必立主編(1976)，《台灣財稅改革論文
集》（臺北：聯經出版事業公司），頁157-173。

張永雄(1998)，〈雷根財政政策對經濟影響之研究〉，私立淡
江大學美國研究所碩士論文。

張翔菘(2001)，〈台灣投資獎勵措施經濟效果之可計算一般均
衡分析〉，國立政治大學國際貿易學系碩士論文。

張慶輝(1985)，〈投資租稅抵減之賦稅面與經濟面效果〉，《財
稅研究》，17: 4，頁32-52。

張慶輝(1988)，〈投資租稅抵減與企業投資行為〉，《財稅研
究》，20:6，頁1-7。

張慶輝、鄭文輝、許松根、林全、許嘉棟、曹添旺、林向愷、
林建興、郭炳伸、梁正德、蘇建榮、曾巨威、陳麗玟、劉
彩雲、李桂秋(1989)，《獎勵投資條例賦稅減免措施之研
究》。臺北：賦稅改革委員會。

許正偉(1999)，〈污染防治獎勵措施之效果評估〉，國立政治

大學財政學系碩士論文。

許松根、陳玉瓏(1989),〈獎勵投資條例與固定資本形成〉,《經濟論文叢刊》,17: 1,頁77-120。

許淑雲(2000),〈促進產業升級條例有關自動化投資抵減對企業投資與就業影響之研究〉,私立中國文化大學勞工研究所碩士論文。

陳偉晃(1997),〈促進產業升級條例租稅減免措施之研究〉,國立中山大學企業管理學系碩士論文。

曾巨威(2002),《各項租稅稅基侵蝕之全面檢討》,行政院財政改革委員會委託研究計畫。

游景貿(1998),〈人才培訓投資抵減對中小企業成效分析〉,國立中興大學企業管理學系碩士論文。

程杭生(1970),《獎勵投資條例施行實績的分析》。臺北:行政院賦稅改革委員會。

黃志文(2003),〈外人直接投資租稅優惠競爭相關國際規範之探討〉,私立東吳大學法律學系碩士論文。

黃宗煌、李堅明(1993),〈污染防治之獎勵措施的效果比較〉,《台灣土地金融季刊》,30:3,頁1-14。

黃長欣、王士亨、劉森霖、劉桂櫻(2001),《兩岸現代對工商業投資賦稅優惠之比較》,中華民國工商協進會委託研究計畫。臺北:中國租稅研究會。

黃紀穎(2001),〈中國大陸租稅優惠對其高科技產業之影響——國家高新區〉,私立淡江大學中國大陸研究所碩士論文。

黃春生、羅能清譯(1987),《雷根總統租稅改革方案》。臺北:

財政部財稅人員訓練所。

黃耀輝(2002)，《節約能源獎勵措施研究及推廣計畫》，經濟部能源會委託研究計畫。臺北：中華經濟研究院。

褚倚華(2000)，〈台灣投資抵減對產業研發資本需求之效果分析〉，國立台北大學財政學系碩士論文。

楊文哉(1997)，〈促進產業升級條例投資抵減制度之研究——投資於研究發展人才培訓與建立國際品牌形象部份〉，私立朝陽大學財務金融研究所碩士論文。

楊忠豪(1998)，〈投資抵減與研究發展支出——台灣500大企業之實證研究〉，國立暨南國際大學經濟學系碩士論文。

楊雅惠、任立中、周榮乾(1989)，《策略性工業獎勵措施之成效評估及改進建議》，經濟部工業局委託研究計畫。臺北：中華經濟研究院。

蕭峯雄(1984)，《台灣產業政策與產業發展》。臺北：遠東經濟研究顧問社。

劉泰英、江莉莉、黃松榮、張炳耀(1982)，《台灣生產事業投資函數之研究》。臺北：行政院經建會綜合計畫處。

溫順德(2001)，〈企業研究發展支出租稅減免問題及其影響之研究〉，國立中正大學企業管理學系碩士論文。

溫麗琪、柏雲昌(1997)，《第二階段固定污染源空氣污染防治費之費率、徵收方式及影響衝擊研究計劃》。臺北：中華經濟研究院。

藍科正、王健全、黃宗煌、蔡坤宏(1992)，《政府獎勵研究發展、污染防治和自動化生產之效果評析》，經濟部工業局

委託研究計畫。臺北：中華經濟研究院。

魏文欽(2000)，〈EU、OECD關於租稅獎勵的防制措施〉，《台灣經濟金融月刊》，37:1，頁87-91。

Barro, R. J. (1990), "Government Spending in a Simple Model of Endogenous Growth," *Journal of Political Economy*, 98:5, pp. 103-125.

Bloom, N., R. Griffith, and J. V. Reene (2000), "Do R&D Tax Credits Work? Evidence from a Panel of Countries 1979-97," Institute for Fiscal Studies and University College, London.

Brander, J. A. and B. J. Spencer (1981), "Tariffs and the Extraction of Foreign Monopoly Rents under Potential Entry," *Canadian Journal of Economics*, 14:3, pp. 371-389.

Charlton, A. (2003), *Incentive Bidding for Mobile Investment：Economic Consequences and Potential Responses*. Paris：OECD.

Clark, P. K. (1993), "Tax Incentives for Equipment Investment in the United States：Lesson from the Past and Considerations for the Future," presented to the Brookings Panel on Economic Activity, April 1-2.

Devis, K. and J. M. Page, Jr. (1984), "Industrial Policy in Developing Countries," *Journal of Comparative Economics*, 8, pp. 436-451.

Diebold, W. Jr. (1980), *Industrial Policy as an International Issue*. New York：McGraw-Hill.

Eisner, R. and P. J. Lawler (1975), "Tax Policy and Investment：

Analysis of Survery Responses," *American Economic Review*, 65:1, pp. 206-212.

Guellec, D. and B. P. Potterie (1999), "Does Government Support Stimulate Private R&D？" *OECD Economic Studies*, No. 29, Paris.

Gravelle, J. G. (1992), "Tax Subsidies for Investment：Issues and Proposals," *US Congressional Research Service Report* 93-209, February 21.

Gravelle, J. G. (1993), "What Can Private Investment Incentives Accomplish? The Case of the Investment Tax Credit," *National Tax Journal*, 46:3, pp. 275-290.

Grossman, G. and E. Helpman (1991), *Innovation and Growth in the Global Economy*. Cambridge, MA：MIT Press.

Grubert, H. and J. Mutti (2000), "Do Taxes Influence Where U.S. Corporations Invest?" *National Tax Journal*, 53:4, pp. 825-840.

Hall, B. and J. V. Reenen (1999), "How Effective are Fiscal Incentives for R&D? A Review of the Evidence," *NBER Working Paper*, No. 7098.

Hassett, K. A. and R. G. Hubbard (1996), "Tax Policy and Investment," *NBER Working Paper*, No. 5683.

Hemming , R., M. Kell, and S. Mahfouz(2002), "The Effectiveness of Fiscal Policy in Stimulation Economic Activity— A Review of the Literature," IMF working paper.

Hirschman, A. O. (1958), *The Strategy of Economic Development*.

New Haven：Yale University Press.

Hall, R. E. and D. W. Jorgenson（1967）, "Tax Policy and Investment Behavior," *American Economic Review*, 57:3, pp. 391-414.

Johnson, C.（1984）, "Introduction：The Idea of Industrial Policy ," in C. Johnson（ed.）, *The Industrial Policy Debate*（San Francisco, CA：Institute for Contemporary Studies）, pp. 2-7.

Jorgenson, D.W.（1963）, "Capital Theory and Investment Behavior," *American Economic Review*, 53:2, pp. 247-259.

Joumard, I.（2001）, "Tax System in European Union Countries," OECD, Economics Department working paper, No. 301.

Krugman, P. R.（1984）, "Import Protection as Export Promotion：International Competition in the Presence of Oligopoly and Economies of Scale," in H. Kierzkowski（ed.）, *Monopolistic Competition in International Trade*（Oxford：Oxford University Press）, pp. 180-193.

Lucas, R. E.（1988）, "On the Mechanics of Economic Development," *Journal of Monetary Economics*, 22:1, pp. 3-42.

OECD（1998）, *Harmful Tax Competition—An Emerging Issue*. Paris：OECD.

OECD（2000）, *Towards Global Tax Co—operation-Progress in Identifying and Eliminatting Harmful Tax Practices*. Paris：OECD.

OECD（2001）, *The OECD's Project on Harmful Tax Pratices：The 2001 Progress Report*. Paris：OECD.

OECD（2002）, *Tax Incentives for Research and Development：Trends and Issues*. Paris：OECD.

OECD（2003）, *Checklist for Foreign Direct Investment Incentive Policies*. Paris：OECD.

Plesko, G. A. and R. Tannenwald（2001）,"Measuring the Incentive Effects of State Tax Policies Toward Capital Investment," Federal Reserve Bank of Boston, working paper, No.14.

Romer, P. M.（1986）, "Increasing Returns and Long-run Growth," *Journal of Political Ecconomy*, 94:5, pp. 1002-1037.

Scott, B. R.（1982）, "Can Industrial Survive the Welfare State? " *Harvard Business Review*, 60:5, pp. 70-84.

Sen, P. and S. J. Turnovsky（1990）, "Investment Tax Credit in an Open Economy," *Journal of Public Economics*, 42, pp. 277-299.

Turnovsky, S. J.（1996）, "Fiscal Policy, Adjustment Costs, and Endogenous Growth," *Oxford Economic Papers*, 48:3, pp. 361-381.

United Nations（2003）, *Investment and Technology Policies for Competitiveness：Review of Successful Country Experiences*. New York：United Nations.

台灣經濟論叢13
台灣租稅獎勵與產業發展

2006年3月初版　　　　　　　　　　　　　定價：新臺幣320元
有著作權・翻印必究
Printed in Taiwan.

著　　　者　黃　仁　德
　　　　　　胡　貝　蒂
發　行　人　林　載　爵

出　版　者　聯經出版事業股份有限公司　　叢書主編　沙　淑　芬
台 北 市 忠 孝 東 路 四 段 5 5 5 號　　校　　對　陳　龍　貴
編 輯 部 地 址：台北市忠孝東路四段561號4樓　　封面設計　蔡　婕　岑
叢 書 主 編 電 話：(02)27634300轉5043・5228
台 北 發 行 所 地 址：台北縣汐止市大同路一段367號
　　　　電 話：(0 2) 2 6 4 1 8 6 6 1
台北忠孝門市地址：台北市忠孝東路四段561號1-2樓
　　　　電 話：(0 2) 2 7 6 8 3 7 0 8
台北新生門市地址：台 北 市 新 生 南 路 三 段 9 4 號
　　　　電 話：(0 2) 2 3 6 2 0 3 0 8
台 中 門 市 地 址：台 中 市 健 行 路 3 2 1 號
台 中 分 公 司 電 話：(0 4) 2 2 3 1 2 0 2 3
高 雄 門 市 地 址：高 雄 市 成 功 一 路 3 6 3 號
　　　　電 話：(0 7) 2 4 1 2 8 0 2
郵 政 劃 撥 帳 戶 第 0 1 0 0 5 5 9 - 3 號
郵　撥　電　話：2 6 4 1 8 6 6 2
印 刷 者　雷 射 彩 色 印 刷 公 司

行政院新聞局出版事業登記證局版臺業字第0130號

本書如有缺頁，破損，倒裝請寄回發行所更換。　　ISBN　957-08-2976-1 (平裝)
聯經網址：www.linkingbooks.com.tw
電子信箱：linking@udngroup.com

國家圖書館出版品預行編目資料

台灣租稅獎勵與產業發展 / 黃仁德、
胡貝蒂著 . --初版 . --臺北市：聯經
2006 年（民 95），（台灣經濟論叢：13）
272 面；14.8×21 公分 .

ISBN　957-08-2976-1(平裝)

1.產業-政策-台灣　2.租稅-台灣

567.07　　　　　　　　　　　　95003678

聯經出版公司信用卡訂購單

信用卡別： ☐VISA CARD ☐MASTER CARD ☐聯合信用卡

訂購人姓名： _____

訂購日期： _____年_____月_____日

信用卡號： _____ _____ _____ _____

信用卡簽名： _____(與信用卡上簽名同)

信用卡有效期限： _____年_____月止

聯絡電話： 日(O)_____夜(H)_____

聯絡地址： ☐ ☐☐_____

訂購金額： 新台幣_____元整
（訂購金額 500 元以下，請加付掛號郵資 50 元）

發票： ☐二聯式　　☐三聯式

發票抬頭： _____

統一編號： _____

發票地址： _____

如收件人或收件地址不同時，請填：

收件人姓名： ☐先生
_____ ☐小姐

聯絡電話： 日(O)_____夜(H)_____

收貨地址： _____

· 茲訂購下列書種·帳款由本人信用卡帳戶支付 ·

書名	數量	單價	合計
		總計	

訂購辦法填妥後

直接傳真 FAX：(02)8692-1268 或(02)2648-7859

洽詢專線：(02)26418662 或(02)26422629 轉 241

網上訂購，請上聯經網站：http://www.linkingbooks.com.tw